Judith Le Huray

Materialien und Kopiervorlagen
zur Klassenlektüre

Monsterboy

Hase und Igel®

Inhalt

MIX
Papier
FSC® C130643

klimaneutral
gedruckt
www.klima-druck.de
ID-Nr. 22125753
bvdm.

Bildnachweis:
© Shutterstock – HN Works: S. 45

www.hase-und-igel.de
Lektorat: Anna Schultes, Eva Christian
Illustrationen: Anna Laura Jacobi
Satz: Appel Grafik München GmbH
Druck: Joh. Walch GmbH & Co. KG, Augsburg

ISBN 978-3-86316-207-8

Das Buch

Höflichkeit, Rücksicht, Pünktlichkeit, Einsatzbereitschaft – warum sind solche Werte wichtig für eine Klassengemeinschaft und darüber hinaus? Was passiert, wenn ein Schüler sie ganz gezielt ignoriert? Die Lektüre bietet Anlass, sich mit dem sozialen Miteinander innerhalb der Klasse zu beschäftigen. Die beiden Hauptfiguren, der zurückhaltende Robert und der freche Monsterboy, liefern dafür zahlreiche Anknüpfungspunkte.

Kinder im Grundschulalter sind noch dabei, ihre eigene Position im Umgang mit anderen zu finden. Sie müssen erst lernen, sich aufeinander einzustellen, Regeln zu beachten, eigene Ideen und Vorstellungen angemessen zu äußern und Enttäuschungen zu verkraften. Hinzu kommt, dass die soziale Entwicklung heute zunehmend belastet wird, zum Beispiel von Familienkrisen, von zu wenig Zeit und emotionaler Zuwendung, von hohem Leistungsdruck und nicht zuletzt auch von ungünstigen Medieneinflüssen. Das bringt für Kinder, Lehrer und Eltern große Herausforderungen mit sich.

In „Monsterboy“ wird das Thema „gutes Benehmen“ altersgemäß und ohne erhobenen Zeigefinger aufgegriffen. Dadurch machen sich Ihre Schüler bewusst, wie entscheidend rücksichtsvolles Verhalten für das soziale Miteinander ist.

Robert ist entsetzt, als sein neuer Mitschüler die Klasse betritt: schwarz in schwarz, mit furchtbarer Kette und grimmigem Blick. Der Junge, der sich nur Monsterboy nennt, benimmt sich völlig daneben. Er verhält sich frech und rücksichtslos gegenüber der Lehrerin, Klassenkameraden und Fremden. Trotzdem wird er als cooler Held verehrt – bis er beim Schulfest zu weit geht und sich alle gegen ihn stellen. Da fasst sich ausgerechnet der verschlossene Robert ein Herz und gibt Monsterboy eine zweite Chance. Denn er weiß: Der Neue hat auch eine ganz andere Seite.

Umfang, Sprache und Inhalt des Buches sind auf das Leistungsvermögen und die Interessen von Schülern der dritten und vierten Jahrgangsstufe zugeschnitten. Die humorvollen, comichaften Illustrationen von Anna Laura Jacobi stellen eine zusätzliche Lesemotivation dar.

Als Titel der Reihe LEVEL 1, 2, 3 liegt das Buch in drei Lesestufen vor: Level 3 entspricht den regulären Anforderungen einer Lektüre für die dritte und vierte Klasse, Level 2 bietet eine gekürzte Fassung der Geschichte in Fibelschrift, Level 1 ist zusätzlich mit Silbenhilfe gesetzt. So werden insbesondere unbekannte Wörter auf Anhieb in der korrekten Silbierung gelesen und der Sinn des Textes erschließt sich einfacher und schneller. Da bei der Kürzung darauf geachtet wurde, dass der Inhalt jeder Buchseite weitgehend erhalten bleibt, können die drei Fassungen parallel innerhalb einer Lerngruppe eingesetzt werden. Sie eignen sich somit hervorragend zur Differenzierung.

Das Material

Das Unterrichtsmaterial unterstützt Sie dabei, Ihren Schülern die Bedeutung eines respektvollen Miteinanders zu vermitteln, indem es die Themen der Lektüre auf vielfältige Art und Weise aufgreift. Es ist in einen didaktischen Teil und daran anschließende Kopiervorlagen gegliedert. Im Lehrerteil finden Sie Zusammenfassungen der Buchkapitel, zahlreiche Gesprächs- und Schreibanlässe sowie Anmerkungen und Lösungen zu den Arbeitsblättern. Die Kopiervorlagen sind für die Schülerhand konzipiert und können direkt im gebundenen Unterricht eingesetzt werden, eignen sich aber überwiegend auch für die Haus- und Freiarbeit.

Ein besonderes Augenmerk liegt auf den Themenbereichen „gutes Benehmen“ und „soziales Miteinander“. Die Arbeitsblätter regen Ihre Schüler dazu an, sich mit Höflichkeit und Rücksicht, Einsatzbereitschaft für andere und der Fähigkeit zur Empathie auseinanderzusetzen. Darüber hinaus werden verschiedene Rollen (Außenseiter, Wortführer, Mitläufer etc.) sowie Verhaltensregeln in der Schule im Wandel der Zeit angesprochen.

Mithilfe der Arbeitsblätter können Sie außerdem das Textverständnis überprüfen und die Beschäftigung mit den Figuren vertiefen. Wo eng am Buchtext gearbeitet wird und dieser durch die verschiedenen Level voneinander abweicht, werden zwei Varianten angeboten, die auf die jeweilige Fassung (Level 1 und 2 oder Level 3) abgestimmt sind. Weiterhin gibt es Übungen zur Sprache und Rechenaufgaben. Abgerundet wird die Lektürearbeit durch Backideen und Spielspaß („Monsterboys Memory“).

Es empfiehlt sich, ein Lesetagebuch zu führen (s. Hinweise zur Kopiervorlage „Mein Lesetagebuch“, S. 5).

Zur sprachlichen Vereinfachung wurde bei „der Lehrer“ und „die Schüler“ auf die weibliche Form verzichtet. Natürlich sind „die Lehrerin“ und „die Schülerinnen“ ebenso gemeint.

Viel Freude bei der Arbeit mit dem Material und interessante und erkenntnisreiche Stunden bei der Lektüre von „Monsterboy“ wünscht Ihnen und Ihren Schülern

Judith Le Huray

Vor der Lektüre

Zeigen Sie zur Einstimmung auf die Lektüre das Cover des Buches. In Kleingruppen überlegen die Schüler, worum es in der Geschichte gehen könnte. Dazu beantworten sie beispielsweise folgende Fragen: Was fällt dir zum Titel „Monsterboy" ein? Welches Kind auf der Vorderseite des Einbands könnte Monsterboy sein? Wie kommst du darauf? Was macht der Junge auf der Rückseite des Einbands? Denkst du, er ist mit Monsterboy befreundet? Die Kinder notieren ihre Vermutungen. Im Laufe der Lektürearbeit vergleichen sie diese mit dem Inhalt des Buches.

Auch ein Gedankenexperiment bietet sich an. Geben Sie bekannt, dass es in der Lektüre um einen Jungen geht, der sich ziemlich danebenbenimmt. Daraufhin machen sich die Schüler erste Gedanken zum Thema: Wofür brauchen wir Regeln und gutes Benehmen? Wie würde das Miteinander zu Hause, in der Schule und in der Öffentlichkeit aussehen, wenn jeder einfach machen würde, was er wollte?

Hinweise zu den Kopiervorlagen

KV Seite 21

Wachsen Bücher an Bäumen?
Besprechen Sie vor Beginn der Lektüre mit den Schülern, wie Bücher entstehen. Lassen Sie sie zunächst eine Zeichnung von einem Baum anfertigen, an dem Bücher wachsen. Im Anschluss wird geklärt, woher sie wirklich kommen. Der Text auf dem Arbeitsblatt gibt einen Einblick, wie viele Menschen an der Entstehung eines Buches beteiligt sind. Das detailreiche Plakat „Von der Idee zum Buch" können Sie unter *www.avj-online.de/publikationen* bestellen.

Teilen Sie dann die Lektüre aus und gehen Sie auf die verschiedenen Bestandteile ein: Einband mit Titel, Autor, Verlag, Klappentext, ISBN und Barcode sowie Buchseiten (Buchblock). Im Impressum auf Seite 4 finden die Kinder das Erscheinungsjahr sowie Angaben zum Lektorat, zum Satz und zur Druckerei. Außerdem stehen dort die ISBN und die Auflage des Buches. Falls sich in der Nähe eine Druckerei befindet, ist ein Ausflug für die Schüler sicher spannend.

Lösung
Aufgabe 2:
Autorin: Judith Le Huray
Illustratorin: Anna Laura Jacobi
Verlag: Hase und Igel Verlag
Lektorinnen: Anna Schultes, Eva Christian
Satz: Appel Grafik München GmbH
Druckerei: Grafisches Centrum Cuno GmbH & Co. KG

KV Seite 22

Wie ist die Stimmung bei uns?
Dieses Arbeitsblatt dient dazu, das soziale Miteinander in der Klasse zu bewerten. Die Schüler füllen den Fragebogen anonym aus, damit sie keine Scheu haben, ehrlich zu antworten. Werten Sie die Ergebnisse aus und besprechen Sie sie mit den Kindern. Anschließend werden Ideen gesammelt, wie man den Umgang miteinander verbessern könnte. Lassen Sie die Schüler den Fragebogen am Ende der Lektürearbeit ein zweites Mal ausfüllen. Hat sich durch die Auseinandersetzung mit der Thematik „gutes Benehmen" etwas am Klassenklima geändert?

Weiterer Unterrichtsvorschlag

Eine Autorenlesung vertieft die Auseinandersetzung mit der Lektüre und bringt den Kindern die Person hinter der Geschichte näher. Bei Interesse können Sie per E-Mail Kontakt mit Judith Le Huray aufnehmen: mail@judithlehuray.de. Auf den Websites der Autorin *(www.judithlehuray.de)* und der Illustratorin *(www.annalaurajacobi.de)* gibt es Informationen zu ihren Biografien.

1. bis 3. Kapitel: **Monsteralarm in der 4b**

Inhalt

Robert bekommt einen Schreck, als sein neuer Mitschüler die Klasse betritt: Seine schwarze Jacke ist besetzt mit spitzen Nieten, auf der Kappe leuchtet ein Totenkopf, um den Hals hängt eine Kette mit Knochen und Zähnen. Der Junge nennt sich „Monsterboy" und die Lehrerin Frau Blum setzt ihn ausgerechnet neben den zurückhaltenden Robert. Monsterboy macht seinem Namen alle Ehre: Er ist frech zu Frau Blum, ärgert in der Pause andere Kinder, macht Sachen kaputt und kommt zu spät zum Unterricht. Dennoch wird er von vielen Mitschülern bewundert. Für Robert, der die Vorfälle auf dem Pausenhof heimlich hinter einem Busch beobachtet, ist er jedoch ein Albtraum. Als eine Gruppe von Sechstklässlern einen Grundschüler bedroht, stoppt Monsterboy sie mit dem Fahrrad.

Gesprächs- und Schreibanlässe

Robert ist entsetzt über Monsterboy.
- Kannst du Robert verstehen?
- Würdest du gerne neben Monsterboy sitzen?
- Wie wünschst du dir deinen Tischnachbarn?

Robert und Monsterboy sind sehr unterschiedlich gekleidet.
- Ein Sprichwort besagt: „Kleider machen Leute.“ Findest du, dass das stimmt?
- Kann man vom Äußeren eines Menschen immer auf sein Inneres schließen?
- Hat dein Kleidungsstil einen Einfluss darauf, wie Mitmenschen dir begegnen?
- Wie verhalten und bewegen wir uns, wenn wir z. B. festliche Kleidung oder ein sportliches Outfit tragen?
- Welche Anziehsachen passen zu welcher Gelegenheit (z. B. Schule, Sport, Wandertag, Geburtstagsfeier, Beerdigung)?
- Warum ist in der Schule nicht jedes Kleidungsstück erlaubt?

Die Lehrerin reagiert mit Humor auf Monsterboys unhöfliche Antworten.
- Was sagst du zu Monsterboys Benehmen?
- Reagiert Frau Blum angemessen?
- Was hättest du an ihrer Stelle gemacht?

Monsterboy ärgert Schwächere und nimmt keine Rücksicht auf fremdes Eigentum. Warum ist es nicht in Ordnung …
- … jemanden aufzuziehen, der stottert?
- … Dreck an eine Sitzbank zu schmieren?
- … Kaugummi in eine fremde Brotdose zu spucken?
- … anderen ein Bein zu stellen?

Monsterboy schießt den Fußball eines Erstklässlers über den Zaun.
- Wie findest du diese Aktion?
- Ein Mädchen, das besonders gut Fußball spielt, fällt Robert auf. Ist Fußball überhaupt etwas für Mädchen?
- Spielst du Fußball? Im Verein?
- Was ist bei so einem Mannschaftssport wichtig?

Eine Gruppe von Sechstklässlern überfällt Grundschüler.
- Hast du schon einmal mitbekommen, dass eine Gruppe von Kindern oder Jugendlichen so etwas tut? Wenn ja, was hast du erlebt?
- Was kann man als Beobachter tun?
- Wie soll man als Opfer reagieren?

Robert hat den Vorfall mit den Sechstklässlern beobachtet. Er mischt sich aber grundsätzlich nicht ein.
- Ist es richtig, sich nie einzumischen?
- Bist du schon einmal eingeschritten, als jemand in Schwierigkeiten war? Wenn ja, was ist passiert? Wie hat sich dein Eingreifen ausgewirkt?

Hinweise zu den Kopiervorlagen

KV Seite 23

Mein Lesetagebuch
In ihrem Lesetagebuch fassen die Kinder die Kapitel des Buches zusammen und fertigen eigene Zeichnungen an. Diese Form der Auseinandersetzung mit der Lektüre vertieft das Gelesene, schafft einen persönlichen Bezug zur Geschichte und hält sie länger im Gedächtnis. Auf ein Arbeitsblatt passen vier Kapitel und zwei Zeichnungen. Für die komplette Lektüre benötigt jedes Kind also drei Kopien. Die Schüler sollen sich für das Bild jeweils ihre Lieblingsszene aus zwei Kapiteln aussuchen. Wenn das Lesetagebuch mit einem individuellen Deckblatt versehen und zusammen mit den Arbeitsblättern in einem Schnellhefter gesammelt wird, erhöht das die Wertigkeit und schafft eine bleibende Erinnerung an die Lektüre.

KV Seite 24

Dringend gesucht: Monsterboy
Besprechen Sie mit den Schülern, was ein Steckbrief ist und dass er dazu dient, eine Person mithilfe ihrer Beschreibung zu finden. Monsterboy ist eine auffällige Figur, die sich den Kindern schnell einprägen wird. Nachdem sie das 1. Kapitel gelesen haben, füllen sie den Steckbrief aus. Diese Aufgabe erfordert genaues Lesen und trägt zu einer vertieften Auseinandersetzung mit dem Protagonisten bei.

Lösung
Richtiger Vorname: Johannes
Klasse: 4b
Haare: von einer Kappe verdeckt
Körperbau: weder groß noch dick (Level 3)
Kleidung: schwarze Lederjacke mit Nieten; Kette mit langen, spitzen Zähnen und alten Knochen; schwarze fingerlose Handschuhe; schwarze Kappe mit Totenkopf
Bewunderer: Dennis, Laura, Marina, Murat, Elias

Weiterführende Anregung

Die Kinder erstellen einen Steckbrief zu einem Mitschüler. Eingetragen werden Vor- und Nachname, Alter, Aussehen, Kleidung und besondere Merkmale. Dazu malen die Schüler ein Porträt und kleben ein Foto auf. Hängen Sie die Steckbriefe anschließend im Klassenzimmer auf. Weisen Sie gegebenenfalls darauf hin, dass keine beleidigenden Äußerungen enthalten sein sollen.

KV Seite 25

Guten Morgen, Frau Blum!

Auf diesem Arbeitsblatt steht das Verhalten gegenüber verschiedenen Personen im Fokus. Die Schüler machen sich Gedanken, warum sie mit ihrem Lehrer anders sprechen als mit einem Freund. Sie vertiefen die Auseinandersetzung, indem sie Roberts Worte den passenden Personen zuordnen.

Besprechen Sie im Anschluss Monsterboys Verhalten gegenüber der Lehrerin im 1. Kapitel. Der neue Schüler ist frech, unhöflich und weigert sich, Frau Blums Anweisungen zu befolgen. Gehen Sie darauf ein, dass Respekt eine entscheidende Rolle im sozialen Miteinander spielt und für die Stimmung in der Klassengemeinschaft von zentraler Bedeutung ist. Wie beurteilen die Kinder die Reaktion von Frau Blum (vgl. dazu Gesprächs- und Schreibanlass auf S. 5)? Trägt der Humor der Lehrerin zur Entspannung der Situation bei? Oder müsste sie härter durchgreifen?

Lösung

Aufgabe 1:

z. B. Je nachdem, wie gut man eine Person kennt und in welchem Verhältnis man zu ihr steht, geht man anders mit ihr um. Einem Lehrer begegne ich höflich und respektvoll. Meinen Freund kenne ich privat, da kann der Ton auch mal lockerer sein.

Aufgabe 2:

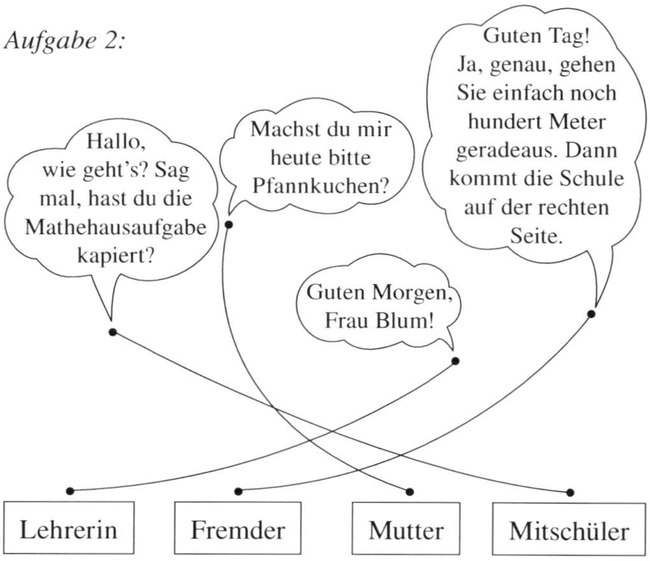

KV Seite 26

Geht das auch anders?

„Bitte", „Danke" und „Entschuldigung" zu sagen ist nicht immer selbstverständlich. Das Arbeitsblatt vermittelt den Schülern, dass Höflichkeit für ein freundliches Miteinander allerdings sehr wichtig ist. Zunächst formulieren sie unhöfliche Sätze von den Figuren Elias und Murat aus dem Buch um. So führen sie sich vor Augen, was kleine Worte ausmachen. Mithilfe des folgenden Rollenspiels spüren die Kinder den Unterschied am eigenen Leib, was zur Verinnerlichung beiträgt.

Lösung

Aufgabe 1:

„Könntest du mir bitte einen Stift ausleihen?"
„Klar, kein Problem!"
„Entschuldigung!" / „Tut mir leid!"

Aufgabe 3:

Höfliches Verhalten ist wichtig, weil dadurch das Zusammenleben freundlicher und angenehmer wird.

KV Seite 27

Beinahe unsichtbar

Im Mittelpunkt dieses Arbeitsblatts steht die zweite Hauptfigur des Buches neben Monsterboy: Robert. Sie können es nach der Lektüre des 2. Kapitels einsetzen. Robert ist ein ruhiger und höflicher Junge, der von seinen Mitschülern kaum bemerkt wird. Durch seine sehr zurückhaltende Art fällt es ihm schwer, mit anderen in Kontakt zu treten oder zu helfen. Die Pause verbringt er meist versteckt hinter einem Fliederbusch, von wo aus er Monsterboys gemeine Aktionen beobachtet.

Auf dem Arbeitsblatt setzen sich die Kinder mit Roberts Charakter und seinem Verhalten auseinander. Zunächst ordnen sie ihm passende Adjektive zu. Anhand der Szene, in der Monsterboy seine Mitschüler Michel und Julian aufzieht und sogar verletzt, beschreiben sie Roberts Verhalten und bewerten seine Beobachterrolle. So machen sie sich bewusst, dass es nicht immer vorbildlich ist, sich nicht einzumischen. Gehen Sie im Gespräch auf mögliche Gründe für Roberts Zurückhaltung ein. Reden Sie mit den

Schülern darüber, wie schlimm es sich für ihn anfühlen muss, der Außenseiter zu sein und nicht beachtet zu werden. Deshalb fehlt ihm oft der Mut einzugreifen. Im Anschluss an das Arbeitsblatt machen sich die Kinder Gedanken, wie man ihn in die Klassengemeinschaft integrieren könnte.

Lösung

Aufgabe 1:

trifft zu: unauffällig, unscheinbar, still, zurückhaltend, schüchtern, verschlossen

trifft nicht zu: laut, mutig, frech, aufdringlich, aufgedreht, hilfsbereit

Aufgabe 2:

Robert steht hinter einem Busch und beobachtet heimlich, wie Monsterboy und seine neuen Freunde Michel aufziehen. Er sieht, dass Julian ein Bein gestellt wird, mischt sich aber nicht ein.

Aufgabe 3:

z. B. Robert verhält sich nicht richtig. Er steht Michel und Julian nicht zur Seite, obwohl Monsterboy sehr gemein zu ihnen ist. Robert sollte Michel in Schutz nehmen oder Hilfe holen. Dass Julian ein Bein gestellt wurde, müsste er einem Lehrer melden.

Unruhe auf dem Schulhof

KV Seite 28/29

Während der Pause erfährt Robert mehr über seinen neuen Klassenkameraden Monsterboy. Er beobachtet ihn, hört zu, was Monsterboy sagt, und vergleicht es teilweise mit eigenen Erfahrungen.

Die Schüler lernen Monsterboy, aber auch einige seiner Klassenkameraden über ihre Handlungen kennen. Mithilfe des Arbeitsblatts sollen sie sich den Inhalt des Kapitels ins Gedächtnis rufen. Sie können die erste Aufgabe damit einleiten, dass die Kinder zunächst grob die Handlung des 2. Kapitels nacherzählen, bevor die Fragen an die Details heranführen. Unterstützen Sie schwächere Schüler, indem Sie die Seiten, auf denen die Lösungen zu finden sind, auf dem Blatt oder auf der Rückseite der Tafel angeben.

Lösung

Aufgabe 1:

1. Wie blaue Herzchen.
2. Am Wochenende.
3. Die Zunge.
4. An den Stacheln.
5. Eine coole Frisur.
6. Sie kichern.
7. Michels Stottern.
8. Einem Gorilla.
9. Mit einer Mücke.
10. Michels Freund Julian.

Aufgabe 2:

F	R	L	M	I	Z	V	S	X	P	G	M	F	E	S
S	A	J	K	I	C	H	E	R	N	P	I	Z	S	G
Z	O	U	Q	W	R	Z	S	E	A	A	S	Y	T	Y
U	H	L	D	A	O	G	H	R	X	C	T	L	O	M
N	B	I	S	S	U	C	X	T	G	U	A	Z	T	Ü
G	Q	A	E	X	Z	P	H	F	U	N	C	G	T	C
E	A	N	P	R	P	L	L	E	P	Q	H	B	E	K
R	Y	C	E	P	W	M	T	K	N	S	E	P	R	E
X	R	H	F	J	X	R	I	A	Q	E	L	N	N	P
W	F	P	G	I	N	F	A	Z	Y	T	N	W	Q	A
A	P	G	O	R	I	L	L	A	Z	W	A	D	Y	R
S	I	F	C	G	K	T	V	I	P	Y	X	S	E	W
D	Q	D	A	F	Z	U	X	O	U	P	U	T	P	D
J	C	O	O	L	E	F	R	I	S	U	R	G	W	C
W	B	U	K	H	B	B	M	L	F	B	K	R	S	F

Aufgabe 3:

z. B. Roberts Mitschüler finden Monsterboy mutig und toll und wollen mit ihm befreundet sein. Sie wollen genauso cool sein wie er. Sie haben Angst vor Monsterboy.

Wer verhält sich mutig?

KV Seite 30

Dieses Arbeitsblatt befasst sich mit Mut und Einsatzbereitschaft. Zur Einstimmung auf die Thematik geht es darum, was die Schüler selbst als mutig erachten. Anschließend wählen sie Situationen aus der Lektüre aus, in denen die Figuren beherzt eingreifen. Im Partnergespräch beschäftigen sich die Kinder damit, wie weit Mut gehen soll. Wann macht es Sinn, in eine Situation einzugreifen? Was kann man tun, wenn es für einen selbst zu gefährlich wird? Besprechen Sie abschließend gemeinsam, dass Einsatzbereitschaft zwar wichtig ist, wenn jemand Hilfe braucht. Man sollte sich dabei aber nicht in Gefahr bringen. Je nach Situation ist es besser, Erwachsene zu verständigen oder die Polizei zu rufen.

Lösung

Aufgabe 3:

z. B. Michel verhält sich mutig. Er sagt Monsterboy ins Gesicht, dass sein Verhalten gegenüber der Lehrerin unmöglich war. (2. Kapitel)

Das Mädchen mit den blonden Zöpfen traut sich, Monsterboy und seinen Freunden die Aktion mit dem kaputten Fußball vorzuwerfen. (3. Kapitel)

Salim beweist Mut, weil er einschreitet, als eine Gruppe von Sechstklässlern einem Jungen das Handy wegnimmt. (3. Kapitel)

KV Seite 31

Wie spät ist es?

Monsterboy kommt an seinem zweiten Tag zu spät zur Schule. Dies wird hier zum Anlass genommen, um sich mit der Uhr und Pünktlichkeit zu beschäftigen. Je nachdem, wann der Unterricht an Ihrer Schule beginnt, tragen die Kinder in der ersten Aufgabe die entsprechende Uhrzeit und Monsterboys 25-minütige Verspätung ein. Anschließend lösen sie drei Sachaufgaben. Geben Sie ihnen bei der ersten Rechenaufgabe eventuell den Tipp, dass sie überlegen sollen, wie viele Stunden die drei einzelnen Tage haben.

Gehen Sie im Gespräch auf die Bedeutung von Pünktlichkeit ein. Lassen Sie die Kinder überlegen, was passieren würde, wenn jeder morgens zum Unterricht käme, wann er möchte. Klären Sie, dass es wichtig ist, eine Uhrzeit zu vereinbaren, damit alle Beteiligten wissen, wann sie vor Ort sein müssen.

Lösung

Aufgabe 2:

1. Rechnung: 9,5 + 24 + 16 = 49,5
Antwort: Peter muss noch 49,5 Stunden warten.
2. Rechnung: 10 – 6 = 4
Antwort: Bei der Tante ist es 4 Uhr morgens.
3. Rechnung: 16 – 7 = 9
Antwort: Frau Blum muss um 9 Uhr anrufen.

KV Seite 32

Was denkt der sich nur?

Die meisten Figuren im Buch lernen die Schüler über das kennen, was sie sagen oder tun. Eine Ausnahme bildet Robert. Von ihm erfahren die Kinder vor allem, was er denkt, und erhalten so Einblick in seine Sicht der Dinge und die Gründe für sein Handeln bzw. Nicht-Handeln.

Das Arbeitsblatt legt den Fokus auf die Gedankenwelt der Figuren. Die Schüler machen sich bewusst, wie Gedanken vom übrigen Text abgesetzt werden. Dann suchen sie zwei Sätze heraus, die verdeutlichen, was Robert über Monsterboy denkt.

Die Gedanken von Monsterboy sind nicht aus dem Text ersichtlich. Die Kinder sollen deshalb versuchen, sich in bestimmten Situationen in ihn hineinzuversetzen. Gehen Sie bei der Besprechung der Lösungsvorschläge auf die Frage ein, wie die Gedanken und Handlungsweisen von Monsterboy zusammenpassen.

Lösung

Aufgabe 1:

Die Gedanken sind kursiv / schräg gedruckt.

Aufgabe 2:

z. B. Der Angeber ist der fieseste Feigling der Welt!
Nichts wie weg von der üblen Nervensäge.

Aufgabe 3:

z. B. zu 1. Es darf jetzt einfach keiner merken, dass ich Schiss vor einem Anpfiff habe. Dann finden mich die Jungs sicher supercool.
zu 2. Huch, das wollte ich gar nicht. Aber jetzt kann ich nicht zugeben, dass ich danebengetreten habe. Sonst denken die anderen, ich bin eine Pfeife im Fußball.
zu 3. Augen zu und durch! Hoffentlich haben die da vorne mehr Angst als ich.

KV Seite 33

In einer Dose mit Zwergsardinen

Auf diesem Arbeitsblatt geht es um Vergleiche. Zunächst vervollständigen die Schüler Vergleiche aus dem Buch und bekannte Redensarten. Für leistungsschwächere Kinder können Sie die Lösungswörter vorgeben (z. B. auf der Rückseite der Tafel). Dann werden die Schüler selbst kreativ. Erklären Sie, dass man Vergleiche mit dem Wort „wie“ bildet.

Lösung

Aufgabe 1:

1. Schmal wie ein Lineal quetschte Robert sich an den Rand.
2. Monsterboy machte sich so breit wie ein Elefant mit Blähungen.
3. „Die Blum war platt wie 'ne Briefmarke.“
4. Robert hatte ungefähr so viel Platz wie ein Hering in einer Dose mit Zwergsardinen.

Aufgabe 2:

Jemand schläft so tief wie ein Murmeltier.
Jemand ist fleißig wie eine Biene.
Sie gleichen sich wie ein Ei dem anderen.

Weitere Unterrichtsvorschläge

- Die Schüler bringen feine, coole oder gruselige Kleidung mit in die Schule und veranstalten eine Modenschau. Dabei bewegen sie sich passend zum jeweiligen Stil elegant, lässig oder unheimlich.
- Mit Fotos aus Katalogen und Zeitschriften erstellen die Kinder in Gruppenarbeit Collagen zu Kleidungsstilen in verschiedenen Situationen (in der Schule, im Theater, beim Sport etc.).
- Lassen Sie die Schüler mit Plastikzähnen, Sicherheitsnadeln, Perlen, Federn etc. Ketten basteln – ähnlich dem Schmuck von Monsterboy oder ihren eigenen Vorlieben entsprechend.

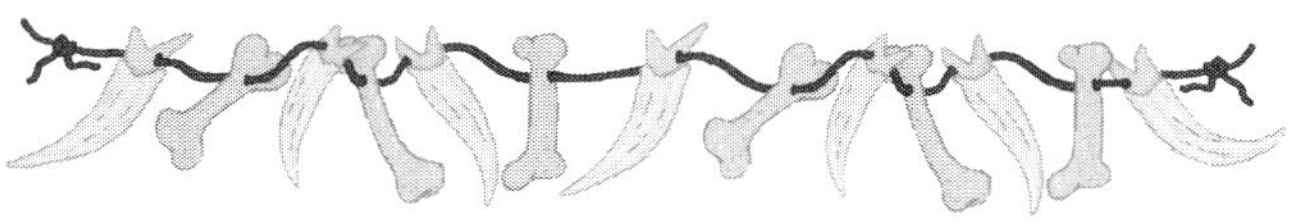

4. und 5. Kapitel:
Gemeiner Angeber oder mutiger Retter?

Inhalt

Nachdem Monsterboy die Sechstklässler attackiert hat, wird er in der Klasse als Held gefeiert. Einige seiner Mitschüler kleiden sich nun ebenfalls in Schwarz. Andere sind genervt von Monsterboys Verhalten. Auf dem Weg von der Schule nach Hause sieht Robert dabei zu, wie der Neue und seine Freunde eine alte Frau einschüchtern, sie beklauen und ihren Rollator beschädigen. Nur Salim traut sich einzuschreiten. Als Robert seinen Banknachbarn später dabei beobachtet, wie er einer Seniorin die Einkaufstasche nach Hause trägt und sich im Bus sehr zuvorkommend verhält, ist er sich sicher: Monsterboy hat einen Doppelgänger.

Gesprächs- und Schreibanlässe

Robert liebt Pfannkuchen. Da kein Mehl zu Hause ist, geht er einkaufen.

- Magst du Pfannkuchen?
- Was ist dein Lieblingsgericht?
- Wer geht bei euch einkaufen? Wo kauft ihr ein?

Robert beobachtet einen Jungen, der aussieht wie sein neuer Sitznachbar, sich aber ganz anders benimmt: Er hilft einer alten Frau, die schwere Einkaufstasche zu tragen, und überlässt einem Mann mit Gipsbein seinen Sitzplatz im Bus. Robert ist überzeugt, dass es ein Doppelgänger ist.

- Was ist ein Doppelgänger?
- Meinst du, es handelt sich hier um einen Doppelgänger?
- Wenn nicht: Woran könnte es liegen, dass Monsterboy sich plötzlich so anders benimmt?
- Habt ihr schon erlebt, dass Menschen zwei Gesichter haben?
- Wie hätte sich Robert im Bus hilfsbereiter verhalten können?
- In welchen Situationen hast du dir von anderen Unterstützung gewünscht?
- Hast du schon einmal Hilfe bekommen, die dich überrascht hat?

Hinweise zu den Kopiervorlagen

KV Seite 34

Total cool?
Monsterboy spaltet die Klasse. Zwei Gruppen werden hier näher betrachtet: Monsterboys Unterstützer und die Kinder, die sich über sein Verhalten ärgern und darunter leiden. Den Schülern soll bewusst werden, dass der Wortführer Monsterboy nicht allein in der Verantwortung steht. Es ist genauso wenig in Ordnung, seine Aktionen zu unterstützen. Zunächst machen Dennis, Elias, Murat, Laura und Marina das vor allem mit Worten. Im 4. Kapitel gehen sie aber weiter und belästigen eine wehrlose ältere Frau. Dieser Vorfall steht im Mittelpunkt der Kopiervorlage „Blass vor Angst" (S. 35).

Lösung
Aufgabe 1:
finden ihn cool (blau): Dennis, Murat, Elias, Laura, Marina
sind verärgert (rot): Nelly, Peter, Robert, Annika, Michel, Julian, Salim

Aufgabe 2:
Monsterboy zeigt keinen Respekt gegenüber der Lehrerin und seinen Mitschülern. Seine Bewunderer finden das mutig. Sie sind auch beeindruckt davon, dass Monsterboy sich besonders kleidet und dadurch auffällt. Die Kinder möchten auch „cool sein" und dazugehören.

Aufgabe 3:
Manche Mitschüler sind genervt von Monsterboy, weil er den Unterricht schlechtmacht und stört. Deshalb bekommt die Klasse sogar mehr Hausaufgaben. Außerdem gefällt es den Kindern nicht, dass Monsterboy sich in den Mittelpunkt drängt.

KV Seite 35

Blass vor Angst

Auf diesem Arbeitsblatt beschäftigen sich die Schüler mit dem Überfall auf die ältere Frau im 4. Kapitel. Zunächst geht es darum, wie das Opfer reagiert. So wird klar, dass die Seniorin keine Chance hat, sich zu wehren. Anschließend beurteilen sie das Verhalten von Monsterboy und seinen Freunden sowie das mutige Eingreifen des Mitschülers Salim.

Danach bereiten die Kinder ein szenisches Spiel vor. Verteilen Sie dazu folgende Rollen: alte Frau, Robert, Monsterboy, Dennis, Laura, Elias, Marina, vorbeieilender Mann, Salim, zwei Freunde von Salim. Es können auch weitere Passanten besetzt werden. In jeder Gruppe gibt es darüber hinaus einen Kameramann, der filmt, beispielsweise mit dem Smartphone. Indem die Schüler mehrere Varianten durchspielen, wie die Szene ablaufen könnte, machen sie sich bewusst: Es gibt immer verschiedene Möglichkeiten zu handeln. Der Einsatz für Menschen, die Hilfe brauchen, ist für unser Zusammenleben von großer Bedeutung.

Lösung

Aufgabe 1:

Sie erhebt leise Einspruch.
Die Frau zittert.
Ihr Gesicht wird ganz blass.
Die Frau hat Angst.

Aufgabe 2:

Monsterboy und seine Freunde verhalten sich gemein und hinterhältig. Sie wissen, dass die alte Frau sich nicht wehren kann. Mitmenschen einzuschüchtern und zu beklauen ist nicht in Ordnung.

Aufgabe 3:

z. B. Besonders mutig finde ich Salim, weil er der Frau geholfen hat, obwohl die anderen in der Überzahl waren.

Weiterführende Anregungen

- Gehen Sie im Gespräch auf die Bedeutung von Respekt und Rücksicht gegenüber älteren Mitbürgern ein. Die Schüler überlegen, wie sie Menschen in ihrer Umgebung unterstützen können. Beispielsweise hilft es schon, jemandem mit körperlichen Einschränkungen seinen Platz in Bus oder Bahn anzubieten. Der Nachbarin die Tasche nach oben in die Wohnung zu tragen, gibt einem auch selbst ein gutes Gefühl.
- Die Kinder verbringen bewusst Zeit mit ihren (Ur-) Großeltern oder anderen älteren Menschen in ihrer Umgebung. Sie bitten darum, dass der Gesprächspartner eine Geschichte erzählt, beispielsweise aus der Schulzeit oder von einem besonderen Ereignis im Leben.
- Ein Besuch im Pflegeheim sensibilisiert für die Beschwerden des Alters. Sicher haben sowohl die Schüler als auch die Senioren Spaß an einem gemeinsamen Nachmittag, bei dem gesungen und erzählt werden kann.

KV Seite 36

Sich in andere hineinversetzen

Wer sich gut in andere hineinversetzen kann, vermeidet eher, die Gefühle seiner Mitmenschen zu verletzen. Die Schüler machen sich auf diesem Arbeitsblatt Gedanken über die Empfindungen der Opfer von Monsterboys Gruppe und schulen so ihre Empathiefähigkeit. Nachdem sie die Aufgaben bearbeitet haben, wählen die Kinder fünf Gefühlslagen aus und erzählen einem Partner, wann sie zuletzt so empfunden haben.

Lösung

Aufgabe 1:

z. B. Michel, als er von Monsterboy wegen des Stotterns gehänselt wird: „Monsterboy ist fies. Ich kann doch gar nichts dafür, dass ich stottere."
Julian, nachdem ihm ein Bein gestellt wurde: „Aua, das tut weh! Wie kann man nur so gemein sein?"
Der Erstklässler, dessen Ball zerstört wurde: „Mist, mein neuer Ball ist kaputt! Womit spielen wir denn jetzt?"
Die alte Frau, als sie geärgert und bestohlen wird: „Was soll ich bloß tun? Wieso hilft mir denn keiner?"

Aufgabe 2:

gute Gefühle (grün): dankbar, heiter, glücklich, erleichtert, froh, stolz, zufrieden
schlechte Gefühle (rot): traurig, empört, verängstigt, zornig, entsetzt, eifersüchtig, beleidigt
keine Gefühle (blau): schnell, dunkel, grün, laut, dreckig, spitz, eckig

KV Seite 37

Immer hilfsbereit

Bei welchen Aktionen würden die Schüler selbst mitmachen? Wann hätten sie Bedenken? Darum geht es in der ersten Aufgabe dieses Arbeitsblatts. Die Auseinandersetzung mit diesen Fragen und das Gespräch darüber können dazu beitragen, künftiges Verhalten zu überdenken. Anschließend berichtet Dennis davon, wann er sich in seinen Augen hilfsbereit verhalten hat. Im Partnergespräch stellen die Kinder fest, dass es sich um eigennützige und wenig hilfreiche Taten handelt.

Weiterführende Anregung

Die Schüler überlegen sich Aktionen, die anderen wirklich helfen. Beispielsweise können sie für Senioren Muffins backen (s. Kopiervorlage „Nuss-Nugat-Muffins", S. 51) oder Weihnachtskarten basteln. Oder sie engagieren sich für Kinder aus ärmeren Ländern. Tipps gibt es beispielsweise unter *www.kinder-helfen-kindern.org*.

KV Seite 38/39

Ein ganz anderer Monsterboy

Die Kopiervorlage beschäftigt sich auf spielerische Weise mit dem Thema Inhaltsangabe. Die Schüler sollen reflektieren, was sie im 5. Kapitel gelesen haben, sich den Ablauf der Geschichte bewusst machen und darauf basierend die Zusammenfassung in die richtige Reihenfolge bringen. Für Kinder, die Level 1 oder 2 gelesen haben, ist die Inhaltsangabe in weniger Abschnitte mit kürzeren Texten aufgeteilt. Leser von Level 3 erhalten eine kleinteiligere Version der Aufgabe. Bei beiden Varianten ergibt sich dasselbe Lösungswort.

Lösung Seite 38 (Level 1 und 2)

1. Robert soll für seine Mutter im Supermarkt Mehl besorgen.
   Kurz vor seinem Ziel sieht er Monsterboy.
   Er versteckt sich hinter einem Glascontainer.
2. Robert ist so in seine Beobachtung vertieft, dass er sich den Kopf am Container stößt.
   Er sieht, wie Monsterboy einer alten Frau die Einkaufstasche abnimmt.
3. Monsterboy trägt der alten Frau die Tasche nach Hause.
   Das Geld, das sie ihm dafür anbietet, lehnt er ab.
4. Am nächsten Tag fährt Robert mit dem Bus zu seiner Tante. Der Bus ist schon sehr voll.
   Ein Mann mit Gipsbein und Krücken bekommt keinen Sitzplatz mehr.
   Robert beobachtet, wie Monsterboy seinen Platz freimacht.
5. Kurz bevor Robert aussteigen muss, sieht er noch, wie Monsterboy einem Kind den verlorenen Teddy zurückgibt.
   Monsterboy verhält sich so unerwartet.
   Daher glaubt Robert langsam, dass Monsterboy einen Doppelgänger hat.

Lösung Seite 39 (Level 3)

1. Roberts Mutter braucht Mehl, um Pfannkuchen zu backen. Robert geht gerne für sie zum Supermarkt.
2. Kurz vor seinem Ziel entdeckt Robert Monsterboy. Er versteckt sich hinter einem Glascontainer, um nicht gesehen zu werden.
3. Robert ist so in seine Beobachtung vertieft, dass er sich den Kopf anstößt. Er sieht Sternchen vor den Augen.
4. Robert beobachtet, wie Monsterboy einer alten Frau die Einkaufstasche abnimmt. Er befürchtet, dass sein Klassenkamerad die Frau bestehlen will.
5. Monsterboy läuft neben der alten Frau her und trägt ihr die Tasche nach Hause. Das Geld, das sie ihm dafür anbietet, lehnt er ab.
6. Am nächsten Tag fährt Robert mit dem Bus zu seiner Tante. Sie ist Friseurin und soll ihm einen neuen Haarschnitt verpassen.
7. Der Bus ist schon ziemlich voll. Ein Mann mit Gipsbein und Krücken bekommt keinen Sitzplatz mehr.
8. Robert beobachtet, wie Monsterboy aufsteht und seinen Platz freimacht.
9. Bevor Robert aussteigen muss, sieht er noch, wie Monsterboy einen Teddy aufhebt. Er gibt ihm dem kleinen Kind zurück, das den Teddy verloren hat.
10. Monsterboy verhält sich so unerwartet. Daher glaubt Robert langsam, dass Monsterboy einen netten Doppelgänger oder Zwillingsbruder hat.

Lösungswort (für beide Varianten): BEOBACHTER

Weiterführende Anregungen

- Von dieser Aufgabe ausgehend können Sie dazu überleiten, dass Ihre Schüler selbst Inhaltsangaben verfassen. Wichtig ist dabei die Unterscheidung zwischen relevanten und weniger wichtigen Informationen. Wie knapp kann eine Inhaltsangabe sein, ohne dass wesentliche Inhalte der Geschichte verloren gehen? Ab wann ist sie zu ausführlich? Erörtern Sie diese Fragen anhand der von den Schülern selbst verfassten Texte.
- Die Inhaltsangaben der Kinder können zu neuen Texträtseln umgewandelt werden. Dazu unterteilen die Schüler diese satzweise in Streifen und schneiden sie aus. Im Austausch mit einem Partner fügen sie dann den Text in der richtigen Reihenfolge wieder zusammen.

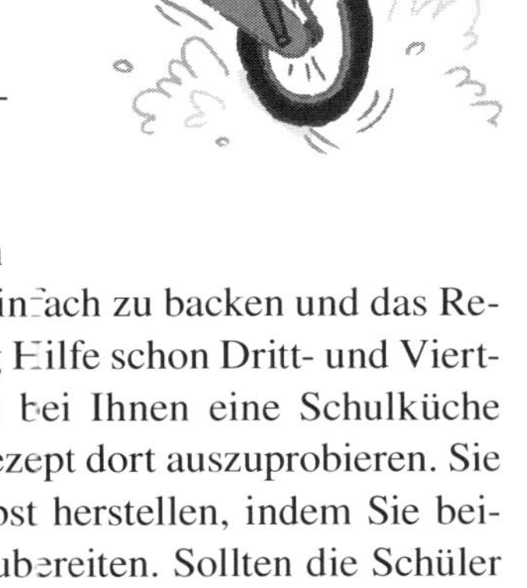

KV Seite 40

Süße Pfannkuchen

Pfannkuchen sind einfach zu backen und das Rezept kann mit wenig Hilfe schon Dritt- und Viertklässlern gelingen. Falls es bei Ihnen eine Schulküche gibt, bietet es sich an, das Rezept dort auszuprobieren. Sie können auch den Belag selbst herstellen, indem Sie beispielsweise Apfelkompott zubereiten. Sollten die Schüler deftige Pfannkuchen bevorzugen, lassen sie bei der Zubereitung des Teigs einfach den Zucker weg.

Lösung
125 Gramm Mehl
¼ Liter Milch
2 Eier
2 Esslöffel Zucker
1 Prise Salz

KV Seite 41

Doppelgänger
Robert ist überzeugt, dass Monsterboy einen Doppelgänger hat. Dies wird auf dem Arbeitsblatt spielerisch aufgegriffen: Monsterboys „Doppelgänger" unterscheidet sich an zehn Stellen vom Original. Die Schüler suchen die Abweichungen. In der zweiten Aufgabe wird die Thematik auf unsere Sprache übertragen. Die Kinder beschäftigen sich mit Synonymen.

Lösung
Aufgabe 1:

Aufgabe 2:

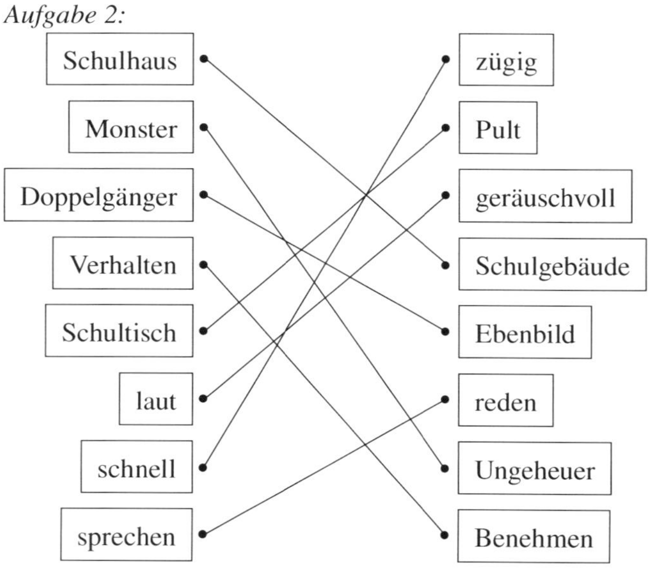

6. und 7. Kapitel:
Ferkel in der Schule

Inhalt

In der Jungentoilette wird Robert unbemerkter Zeuge eines ekligen Wettbewerbs: Monsterboy und seine Freunde versuchen erfolglos, aus der Ferne die Toilettenschüssel zu treffen. Bald darauf werden sie vom Schulleiter zur Verantwortung gezogen. Als Strafe müssen sie die Toilette und den Schulhof reinigen. Monsterboy ist überzeugt, dass Tim – der sich geweigert hat mitzumachen – gepetzt hat. Er macht ihn für die Strafe verantwortlich und rächt sich, indem er Tims Aufsatzheft zerreißt. Robert erfährt, dass nicht Tim, sondern zwei Drittklässler den Vorfall gemeldet haben. Er behält sein Wissen aber für sich.

Gesprächs- und Schreibanlässe

Monsterboy veranstaltet mit seinen Freunden in der Schule einen Pinkelwettbewerb.

- Wie findest du die Aktion?
- Dennis und Elias beteiligen sich am Wettbewerb. Tim verlässt die Toilette. Murat möchte kein Spielverderber sein, aber auch nicht mitmachen. Wie hättest du an ihrer Stelle reagiert?
- Monsterboy meint, die Putzfrauen würden dafür bezahlt, das wegzuputzen. Was sagst du dazu?
- Wie sollte man eine Toilette hinterlassen?

Monsterboy zerreißt Tims Aufsatzheft.

- Warum macht er das?
- Wieso erzählen weder Tim noch seine Mitschüler der Klassenlehrerin davon?
- Würdest du den Vorfall einem Lehrer melden?

Hinweise zu den Kopiervorlagen

KV Seite 42

Voll eklig!
Monsterboys Aktion in der Jungentoilette im 6. Kapitel wird auf diesem Arbeitsblatt thematisiert. Anhand der Reaktionen seiner Mitschüler lassen sich gut verschiedene Möglichkeiten ableiten, wie man sich in einer solchen Gruppensituation verhalten kann. Macht man mit, um nicht als Spielverderber zu gelten? Oder spricht man aus, dass das Benehmen nicht in Ordnung ist? Fragen Sie die Kinder, wie sie reagieren würden (vgl. dazu Gesprächs- und Schreibanlass oben). Die zweite Aufgabe

führt ihnen vor Augen, dass das Zusammenleben angenehmer ist, wenn jeder darauf achtet, öffentliche Orte sauber zu hinterlassen.

Lösung
Aufgabe 1:
Tim: „Nee, Leute, ich mach da nicht mit."
Monsterboy: „Wer kann am weitesten?"
Murat: „Ich war vorhin schon."
Robert: „Die sind doch nicht ganz sauber!"
Dennis: „Lass mich mal, bevor ich platze."
Elias: „Jetzt werdet ihr sehen, wie weit ein echter Mann kann."

KV Seite 43

Monsterboys Rache
Monsterboy ist verärgert, dass er und seine Freunde wegen der Aktion auf der Toilette verpetzt wurden. Er überlegt nicht lange, wer dem Schulleiter die Sache gemeldet haben könnte, sondern verdächtigt den Ersten, der ihm einfällt. Tim, der in Wahrheit nichts erzählt hat, schweigt gegenüber den Lehrern sogar dann noch, als Monsterboy sein Heft kaputt macht.

Zwei Aspekte kommen in dieser Textpassage zum Tragen, die mit der Klasse besprochen werden können. Da ist einerseits der Blickwinkel von Lehrern und Schulleitern: Es gibt Dinge, die Schüler unbedingt melden sollten, selbst wenn sie Gefahr laufen, als Petze angesehen zu werden. Andererseits gibt es Situationen, in denen Kinder und Jugendliche Probleme miteinander lösen können. Wo ist hier die Grenze?

Hinzu kommt Monsterboys zweifach falsche Reaktion. Zuerst verdächtigt er einen Jungen, ohne einen Beweis zu haben. Und danach rächt er sich auch noch an ihm und fügt ihm einigen Schaden zu. Beide Aspekte bieten umfangreiche Anlässe zu Gesprächen mit den Schülern.

Lösung
Werkraum, Plakat, Werbung, Klassenzimmer, Feigling, gepetzt, Denkzettel, Heft, Aufsatz, vergessen

Weiterführende Anregungen
- Regen Sie die Schüler an, sich in Tim hineinzuversetzen. Monsterboy beschimpft ihn und macht sein Heft kaputt. Wie würden sie sich in dieser Situation fühlen? Lassen Sie die Kinder passende Adjektive dazu sammeln und aufschreiben. Die Spannbreite reicht von „traurig" und „beleidigt" bis hin zu „eingeschüchtert" und „hilflos".
- Besprechen Sie mit den Schülern, warum es grundsätzlich verkehrt ist, sich an jemandem zu rächen. Muss man deshalb aber alles hinnehmen, was einem angetan wird? Welche Alternativen zur Rache gibt es?
- Grundlose Verdächtigungen können Freundschaften zerstören. Diskutieren Sie mit den Kindern, wie man sich verhält, wenn man vermutet, dass jemand etwas Falsches getan hat. Legen Sie dabei einen deutlichen Fokus auf die offene Kommunikation unter Freunden. Und was ist zu tun, wenn sich ein Verdacht bestätigt? Das Thema „unschuldig unter Verdacht" kann auch als Schreibanlass für eine Erlebniserzählung genutzt werden.
- Tim hatte sich mit dem Aufsatz viel Mühe gegeben. Aber dann war alles umsonst. Lassen Sie die Schüler von ähnlichen Situationen berichten, die sie selbst erlebt haben. Wie haben sie sich dabei gefühlt? Die Aufgabe kann im Plenum oder mit einem Partner durchgeführt werden.

KV Seite 44

Aufsatzschnipsel
Als Hausaufgabe sollten die Schüler der Klasse 4b einen Aufsatz über ein schönes Ferienerlebnis schreiben. Um zwei dieser Texte geht es auf dem Arbeitsblatt. Marinas Geschichte bietet Anlass, sich mit der Großschreibung von Nomen zu befassen. Anschließend wird die Szene im Buch aufgegriffen, in der Monsterboy Tims Aufsatz zerreißt. Die Schüler setzen die „Schnipsel" in der richtigen Reihenfolge zusammen. Dafür ist aufmerksames Lesen erforderlich. Bei der Fortsetzung der Geschichte ist die Fantasie der Kinder gefragt.

Lösung
Aufgaben 1 und 2:
In den <u>Ferien</u> war ich mit meinen <u>Eltern</u> und meiner <u>Schwester</u> in <u>Italien</u>. Dort haben wir leckeres <u>Eis</u> gegessen. Ganz toll hat mir das <u>Meer</u> gefallen. <u>Papa</u> hat mir sogar eine <u>Taucherbrille</u> und einen <u>Schnorchel</u> gekauft. Mein schönstes <u>Erlebnis</u> war, als ich im <u>Wasser</u> einen riesigen bunten <u>Fisch</u> gesehen habe.

Aufgabe 3:
Letztes Jahr waren wir in den Ferien in einem Bergdorf in Bayern. Dort gab es einen großen See, in dem man toll schwimmen konnte. Wir hatten auch ein Schlauchboot dabei. An einem Nachmittag bin ich mit meinem Bruder raus aufs Wasser gefahren. Zuerst war alles ruhig. Doch plötzlich rief mein Bruder: „Schau mal, dort!" Ich drehte mich um und traute meinen Augen kaum …

KV Seite 45

So ein Dreck
Die Kinder sollen für das Recycling, das Entsorgen und die Vermeidung von Müll sensibilisiert werden. Vielerorts sieht man achtlos weggeworfene Verpackungen. Die Meere sind mit Plastikmüll verschmutzt. Es wird erwartet, dass die tägliche Abfallmenge von rund

5,5 Millionen Tonnen weltweit bis 2030 auf etwa 7,1 Millionen Tonnen ansteigen wird. Auf dem Arbeitsblatt geht es zunächst um Mülltrennung. Sicher macht es den Schülern Spaß, verschiedene Abfälle den richtigen Tonnen zuzuordnen. Die Behälter sind nicht in allen Regionen gleich. Besprechen Sie mit den Kindern die verschiedenen Tonnen, Säcke und Container. Gehen Sie auch darauf ein, was mit dem Abfall passiert (Müllabfuhr, Deponie, Recycling). Kindgerechte Informationen finden Sie im Internet unter *www.naturdetektive.de* (Stichwort: Müll).

Im Anschluss steht der eigene Umgang mit Abfall im Mittelpunkt: Klappt es an unserer Schule gut mit der Entsorgung? Wie kann ich Müll vermeiden? Beispiele hierfür sind: eine eigene Tasche oder einen Korb zum Einkaufen mitnehmen, unverpacktes Obst und Gemüse auswählen, Schulhefte und Toilettenpapier aus Altpapier verwenden, lieber Naturmaterialien als Plastik kaufen, Glasflaschen mit Pfand statt Plastikflaschen benutzen.

Lösung
Aufgabe 1:
Papiertonne: Brötchentüte, Briefumschlag, Pizzaschachtel
Gelbe Tonne: Milchkarton, Plastikflasche, Joghurtbecher
Biotonne: Bananenschale, Apfel, Brotreste
Altglas: Trinkglas, Weinflasche, Gurkenglas
Restmüll: Pflaster, Kugelschreiber, Kaugummi

Weiterführende Anregungen
- Die Kinder sammeln bei einer gemeinsamen Aktion Abfälle vom Pausenhof ein.
- Lassen Sie die Schüler Schilder zur korrekten Müllentsorgung basteln und auf dem Schulgelände aufstellen.

KV Seite 46/47

Blöken, brüllen und johlen
Geschichten leben von Dialogen. Damit diese im Buch „Monsterboy" besonders spannend werden, nutzt die Autorin eine Vielzahl unterschiedlicher Verben aus dem Wortfeld sagen/sprechen. Dies wird insbesondere im 6. und 7. Kapitel deutlich. Hier können sich Ihre Schüler zahlreiche Anregungen für abwechslungsreiche Formulierungen beim Schreiben eigener Aufsätze holen.

Lösung Seite 46 (Level 1 und 2)
Aufgabe 1:
siehe Lösung zu Level 3

Aufgabe 2:
passt: 1., 3., 6.
passt nicht: 2., 4., 5.

Lösung Seite 47 (Level 3)
Aufgabe 1:
z. B. behaupten, brüllen, erklären, jammern, jubeln, klagen, lästern, säuseln, schreien, urteilen, verneinen, wispern

Aufgabe 2:
passt: 1., 3., 5., 8.
passt nicht: 2., 4., 6., 7.

KV Seite 48

Schule früher: Lachen verboten
In Bezug auf Erziehungsmaßnahmen und Strafen in der Schule hat sich in den letzten Jahrzehnten glücklicherweise viel verändert. Früher waren die Regeln deutlich strenger. Die Schulordnung, die vor hundert Jahren galt, wird die Kinder sicher verwundern. Folgende Fragen können das Unterrichtsgespräch darüber vertiefen: Was war damals anders? Welche Regeln haben wir heute in der Schule? Sollte man einige Punkte der früheren Schulordnung wieder einführen? Warum oder warum besser nicht?

8. und 9. Kapitel: **Fest der Katastrophen**

Inhalt

Beim Schulfest verwandelt sich das Klassenzimmer in das „Café 4b". Mit dem Erlös aus dem Verkauf von Kuchen und Getränken soll bei der Abschlussfahrt der Eintritt in den Freizeitpark finanziert werden. Monsterboy hat kein Interesse, sich zu beteiligen, und denkt sich nur Unsinn aus: Er zieht einem Mann den Stuhl weg, gießt Kaffee über die Hose einer Frau und drückt eine tote Fliege in ein Tortenstück. Die Besucher verlassen daraufhin das Café und verbreiten böse Gerüchte. Deshalb bleibt die Kuchentheke voll und die Kasse leer. Die Kinder sind enttäuscht und wütend auf Monsterboy.

Gesprächs- und Schreibanlässe

Monsterboy findet die Idee nicht gut, beim Schulfest Kaffee und Kuchen zu verkaufen, und meint, das sei nur etwas für alte Omas.

- Siehst du das auch so?
- Welche Ideen fallen dir für ein Schulfest ein?
- Habt ihr in der Klasse auch schon einmal Geld für etwas gesammelt?

Monsterboy macht beim Schulfest jede Menge Unsinn.

- Was meinst du, wieso er sich so benimmt?
- Ist sein Verhalten lustig?
- Was kann passieren, wenn man jemandem den Stuhl wegzieht oder heißen Kaffee auf die Hose gießt?
- Wie hättest du als Mitschüler auf Monsterboys Aktionen reagiert?
- Was hättest du als Lehrer gemacht?

Hinweise zu den Kopiervorlagen

KV Seite 49

Pläne für das Schulfest
Das 8. Kapitel dreht sich um das große Fest. Ihre Schüler erfahren, was dafür geplant wird und wie viel Mühe die Vorbereitungen für die Kinder bedeuten. Im Text sticht dabei ein Grammatikthema besonders hervor: zusammengesetzte Nomen. Ob Flohmarkt, Losbude oder Kuchenverkauf, die Zusammensetzungen kommen an dieser Stelle gehäuft vor. Deshalb bietet es sich an, das sicher bereits bekannte Thema zu wiederholen. Sie können ergänzend auch darauf eingehen, dass es sich bei den Wörtern „Torwandschießen" und „Geschirrspülen" nicht um zusammengesetzte Nomen, sondern um substantivierte Verben handelt. Dies ist daran zu erkennen, dass der zweite Teil ein Verb und kein Nomen ist. Genauso konstruiert sind beispielsweise: Skispringen, Eislaufen, Radfahren, Fallschirmspringen, Zeitunglesen.

Lösung
Aufgabe 1:
Flohmarkt, Torwandschießen, Minizirkus, Kuchenverkauf, Losbude, Musikvorführungen, Bastelstube, Glücksrad

Aufgabe 2:
Nomen + Nomen: z. B. Schulfest, Riesenschritte, Arbeitsplan, Dekorationsteam, Tiramisutorte
Verb + Nomen: z. B. Schießbude, Gruselkabinett, Gruselfigur, Pinkelgeschichte
andere Wortart (Adjektiv, Zahlwort) + Nomen: z. B. Schnelldurchlauf, Doppelgänger, Erstklässler, Achterbahn

KV Seite 50

Stimmt das?
Monsterboy hat sich häufig frech und rücksichtslos verhalten, aber auch mehrmals anderen geholfen. Robert lässt im 8. Kapitel die Taten seines Tischnachbarn Revue passieren. Nicht alle Aktionen auf dem Arbeitsblatt sind wirklich geschehen. Mithilfe der Aufgabe können Sie überprüfen, ob die Schüler genau gelesen haben.

Lösung
Aufgabe 1:

Monsterboy hat …	wahr	falsch
… den Ball eines kleinen Jungen auf die Straße geschossen.	X	
… den Rollator einer Frau repariert.		X
… einen Grundschüler aus den Fängen der Jugendbande gerettet.	X	
… sich frech gegenüber Frau Blum verhalten.	X	
… einem kleinen Mädchen eine Puppe geschenkt.		X
… Tims Aufsatzheft aus dem Mülleimer gefischt.		X
… einer alten Frau die Einkaufstasche nach Hause getragen.	X	
… sich geweigert, im Unterricht Jacke und Kappe auszuziehen.	X	
… dem Erstklässler für seinen kaputten Fußball Geld gegeben.		X
… beim Fußball gefoult.	X	
… einer Frau die Geldbörse gestohlen.		X
… Frau Blum einen Blumenstrauß geschenkt.		X

Aufgabe 2:
z. B. Jeder Mensch hat Stärken und Schwächen, gute und schlechte Seiten. Welche Seite überwiegt, ist ganz unterschiedlich. Das liegt manchmal auch im Auge des Betrachters.

KV Seite 51

Nuss-Nugat-Muffins
Für dieses einfache Rezept mit nur vier Zutaten benötigt man keinen Backofen, bloß einen Kühlschrank. Bevor die Muffins zubereitet werden, sollen die Schüler ausrechnen, welche Mengen an Zutaten man braucht. Dafür müssen sie wissen, wie viel Gramm in ei-

nem Kilogramm stecken und welche Abkürzungen man dafür verwendet. Rechnen Sie am besten gemeinsam an der Tafel. Dann übertragen die Kinder die Ergebnisse auf ihr Arbeitsblatt.

Lösung

Menge 10 Muffins	Menge 30 Muffins
250 g	750 g
400 g	1,2 kg
100 g	300 g
500 g	1,5 kg

Weiterführende Anregung

Erstellen Sie gemeinsam ein Klassenbackbuch. Jedes Kind sucht sich ein Kuchen-, Torten- oder Muffinrezept aus und gestaltet eine Seite.

KV Seite 52

Kuchen suchen

Das Café 4b und das dazu gestaltete Plakat mit dem gereimten Spruch liefern Anlass für Sprachspiele. Kinder lieben Reime und vielen macht es auch Spaß, selbst welche zu finden. Dazu regt dieses Arbeitsblatt an. Als Hausaufgabe können die Schüler ein Plakat für das Café 4b mit ihrem eigenen Spruch gestalten.

Lösung

Aufgabe 1:
Sie müssen nicht mehr suchen – hier gibt's leckeren Kuchen!

Aufgabe 2:
Sie müssen nicht mehr laufen – hier kann man Kuchen kaufen!

Aufgabe 3:
Ball Knall ~~Aal~~ Wasserfall prall Pferdestall
Baum kaum ~~Rahm~~ Traum Saum Raum
Tasche Flasche Asche wasche überrasche ~~Marsch~~

Aufgabe 4:
Auf Schreckgestein, da wohnt ein Geist,
der Graf von Gruselhausen heißt.
Um Mitternacht spukt er durchs Haus,
erschreckt damit Mensch, Hund und Maus.

Wenn er dann heult, so schrill und laut,
dann kriegt man eine Gänsehaut.
Warum er heult und stöhnt und schreit?
Er hat so Angst vor Dunkelheit!

Weiterführende Anregung

Lassen Sie die Kinder ein Klassengedicht oder einen -rap schreiben. Dazu überlegen sie sich, was typisch und wichtig für ihre Gemeinschaft ist und welcher Rhythmus zum Inhalt passt. Später studieren die Schüler das Gedicht oder den Rap ein und planen eine Aufführung.

KV Seite 53

Monsterrätsel

Die Kinder überprüfen mithilfe des Kreuzworträtsels rund um das Schulfest, wie genau sie das 8. und 9. Kapitel gelesen haben. Bei Bedarf können sie die Lektüre zu Hilfe nehmen.

Lösung

1. Monsterboy
2. Dennis
3. Kuchentheke
4. Salim
5. Freizeitpark
6. Glücksrad
7. Fliege
8. Annika
9. Kaffee
10. Polizei
11. Tiramisutorte
12. Geschirrtuch

Lösungswort: SCHULFESTSCHRECK

Weiterführende Anregung

Auf karierten Blättern können die Schüler in Gruppenarbeit selbst Kreuzworträtsel zu weiteren Kapiteln des Buches erarbeiten. Dann tauschen sie diese untereinander aus und lösen die Rätsel.

KV Seite 54

Rechnen im Café 4b

Hier werden Sachaufgaben rund um den Kuchenverkauf beim Schulfest gelöst. Darüber hinaus führen sich die Kinder die Tragweite von Monsterboys schlechtem Benehmen vor Augen. Lassen Sie sie recherchieren, wie teuer der Eintritt in einen Freizeitpark ist (z. B. Europa-Park Rust (Sommerpreis): ab 49 Euro für Kinder bis einschließlich elf Jahre bzw. 33,50 Euro pro Person bei Schulklassen). Sicher werden die Kinder nachempfinden können, wie es Monsterboys Mitschülern nach dem Kassensturz geht.

Lösung

1a) 36
1b) 18
2a) Rechnung: $6 \cdot 16 + 4 \cdot 12 + 2 \cdot 10 = 164$
Antwort: Die 4b könnte 164 Stücke verkaufen.

2b) Rechnung: 164 · 2 = 328
Antwort: Die Schüler könnten höchstens 328 Euro einnehmen.

2c) Rechnung: 164 · 1,5 + 328 = 574
Antwort: Die Einnahmen könnten insgesamt bei 574 Euro liegen.

3) Rechnung: 12 · 1,5 + 6 · 1,5 + 14 · 2 + 8 = 63
Antwort: Die 4b hat 63 Euro eingenommen.

KV Seite 55

Ganz in Gedanken
Sich in die Gedankenwelt einer Figur hineinzuversetzen, ist der erste Ansatzpunkt für einen Perspektivwechsel. Dies steht im Fokus der Kopiervorlage, die sich inhaltlich mit dem 9. Kapitel beschäftigt. Das Schulfest läuft erst gut an, doch dann macht Monsterboy mit seinen Aktionen alle Erfolge zunichte und verärgert seine Mitschüler und die Gäste. Dies erfahren die jungen Leser aus den Äußerungen der Figuren, während das Arbeitsblatt ihnen nun auch deren Innenleben näherbringt.

Lösung
Aufgabe 1:
Murat: „Ich freue mich riesig. Endlich hab ich (...)"
Frau Blum: „Keine zwei Minuten im Zimmer und (...)"
Annika: „Hilfe! Die Torte klebt mir überall im Gesicht. Und wie (...)"
Emmi: „Der Neue ist echt doof! Und jetzt sieht er (...)"
Mann: „Herrje, was ist da in der Torte? (...)"
Monsterboy: „Zeit für eine Tortenschlacht. (...)"
Frau: „Aua! Was macht dieser Junge denn nur? (...)"
Tim: „Glück gehabt! Fast hätte er mich mit dem Kuchen erwischt."

Aufgabe 2:
z. B. Dame 1: Der Kuchen war echt prima. Ich verstehe gar nicht, warum das Café so leer war.
Dame 2: Hast du nicht gehört, dass sich dieser Herr vorhin so schrecklich aufgeregt hat?
Dame 1: Nein, ich hör doch so schlecht. Was war denn?
Dame 2: Da ist eine Fliege auf seinem Kuchen gelandet. Und er hat gleich den Kindern die Schuld gegeben.
Dame 1: Das ist ja unverschämt! Was können denn die Kinder dafür, wenn eine Fliege rumfliegt?
Dame 2: Das hab ich mir auch gedacht. Aber manche Leute müssen wegen jeder Kleinigkeit ein Trara veranstalten.

KV Seite 56

Gerüchteküche
Wie leicht Gerüchte entstehen, zeigen die beiden Berichte auf dem Arbeitsblatt. Sicher haben auch die Kinder schon erlebt, dass Unwahrheiten und Übertreibungen erzählt wurden – vielleicht auch über Mitschüler. Nicht selten sind solche Gerüchte der Auslöser für Mobbing. Im Gespräch können Parallelen zur Klasse hergestellt werden: Können Gerüchte jemandem schaden? Habt ihr schon mal erlebt, dass über einen Mitschüler Lügen verbreitet wurden? Wie könnte das für ihn gewesen sein?

Lösung
Aufgabe 2:
„Sie werden nicht glauben, was Frau Müller gestern in der Schule erlebt hat. Die Klasse ihres Nachbarjungen verkaufte Kaffee und Kuchen. Stellen Sie sich vor: <u>Alles war verschimmelt und voller Ungeziefer!</u> Einem Mann wurde gewaltsam der Stuhl weggezogen. <u>Er verletzte sich schwer und musste ins Krankenhaus gebracht werden.</u> Und die arme Frau Müller wurde mit brühendem Kaffee übergossen. <u>Nun hat sie schlimme Brandwunden. Diese Kinder sind kriminell!</u>"

Weiterführende Anregung
Manchmal entstehen Gerüchte nicht mutwillig, sondern weil etwas nicht richtig verstanden wurde. Dazu passt das Spiel „Stille Post" oder „Flüsterpost". Spielen Sie mit kurzen Sätzen. Alle sitzen dazu im Kreis. Flüstern Sie einem Schüler einen Satz ins Ohr (z. B. „Frau Maus hat die Katze von Frau Falle gefüttert."/„Des Schneiders Schere schneidet sehr scharf."). Das Kind sagt dem Nebensitzer leise weiter, was es verstanden hat etc. Was kommt beim letzten Spieler an? Hat sich der Satz verändert?

Weiterer Unterrichtsvorschlag

Veranstalten Sie ein Klassenfest, bei dem Kuchen und Getränke verkauft werden. Die Kinder überlegen sich Aktionen, die sie anbieten wollen. Laden Sie auch die Eltern, Geschwister und Großeltern ein.

10. und 11. Kapitel: **Alles anders**

Inhalt

Nach dem Schulfest wird Monsterboy mit wüsten Beschimpfungen empfangen. Als er zu hören bekommt, er solle endlich abhauen, stürmt er aus dem Klassenzimmer. Robert macht sich Sorgen um seinen Tischnachbarn und folgt ihm. Nach einer Weile entdeckt er Monsterboy, der bei einigen Motorrädern steht. Drei bullige Männer in schwarzer Lederkleidung drohen Monsterboy Prügel an, weil sie denken, dass er ihnen einen Wimpel geklaut hat. Robert geht dazwischen und die beiden können fliehen.

Monsterboy lädt Robert zu sich nach Hause ein. Dort stellen sie viele Gemeinsamkeiten fest, etwa die Trennung der Eltern. Beide waren nach ihrem Umzug verunsichert. Gemeinsam beschließen sie, nun wieder etwas zu ändern. Am nächsten Tag geht Robert leuchtend rot gekleidet zur Schule. Kurz darauf kommt ein blonder Junge mit blauem T-Shirt in die Klasse, stellt sich als Jo vor und entschuldigt sich für sein Verhalten.

Gesprächs- und Schreibanlässe

Am Montag nach dem Schulfest wird Monsterboy von der ganzen Klasse beschimpft.
- Warum sind alle sauer auf ihn?
- Findest du es in Ordnung, dass nicht einmal seine Freunde zu ihm halten?
- Wenn du in der Klasse 4b wärst: Was würdest du zu ihm sagen?
- Warum zittert Monsterboy und hat feuchte Augen?

Monsterboy wird von drei Motorradfahrern bedroht.
- Wie sehen die Männer aus?
- Sind alle Motorradfahrer fies und brutal?
- Bist du schon einmal auf einem Motorrad mitgefahren? Wie war das?

Monsterboy ist kürzlich umgezogen, Robert vor einem Jahr ebenfalls.
- Bist du bereits umgezogen?
- Wenn ja, wo hast du vorher gewohnt?
- Was hat sich durch den Umzug verändert?
- War es schwer, sich in der neuen Umgebung zurechtzufinden?
- Hast du schnell neue Freunde gefunden?

Hinweise zu den Kopiervorlagen

KV Seite 57

Wer hätte das gedacht?
Dieses Arbeitsblatt rückt die unerwartete Wendung der Geschichte in den Fokus und überprüft das Textverständnis des 10. Kapitels. Als sich die gesamte Klasse gegen Monsterboy stellt, hat Robert Mitleid mit ihm. Schließlich weiß er, wie es sich anfühlt, ausgeschlossen zu sein. Er folgt seinem Tischnachbarn und steht ihm zur Seite, als er von drei Männern bedroht wird. Nachdem die Schüler die Fragen auf dem Arbeitsblatt beantwortet haben, können Sie im Gespräch darauf eingehen, wie ihnen der „neue" Robert gefällt. Finden sie es gut, dass der Junge sich für seinen Klassenkameraden einsetzt? Ist sein Verhalten mutig? Wie könnte die Geschichte weitergehen?

Lösung
1. Robert versteht, dass seine Mitschüler wütend auf Monsterboy sind. Trotzdem findet er es nicht in Ordnung von den anderen, geschlossen auf ihn loszugehen.
2. „Jetzt sind alle gegen mich. Ich habe keinen einzigen Freund mehr."
3. Robert macht sich Sorgen. Er weiß, dass Monsterboy auch eine gute Seite hat, und spürt, dass er Hilfe braucht. Deshalb folgt er ihm. Roberts Verhalten ist ungewöhnlich, weil er sich sonst nie einmischt. Jetzt wird er aktiv.
4. Robert geht dazwischen und setzt sich für Monsterboy ein. Die beiden Jungen schaffen es, den wütenden Männern zu entkommen. Monsterboy bedankt sich bei Robert und lädt ihn für den Nachmittag zu sich ein.

KV Seite 58/59

Aus Angst wird Mut
Der anfangs zurückhaltende, unscheinbare Robert erlebt im 10. Kapitel einen grundlegenden Wandel von einem Schüler, der sich am liebsten vor allen versteckt und selten etwas sagt, zu einem Klassenkameraden, der beherzt einschreitet. Durch die Wiederholung einer der Schlüsselstellen der Lektüre – Robert verteidigt Monsterboy gegenüber den Motorradfahrern – sollen die Schüler in den Blick nehmen, was dieser neue Mut bewirkt.

Lösung Seite 58 (Level 1 und 2)
Aufgabe 1:
1. denken; 2. überraschten; 3. schlappmachen; 4. Besitzer; 5. Riese, vergesse; 6. japste; 7. Walross; 8. monstermäßige, Unsinn

Aufgabe 2:
Robert ist plötzlich SUPERMUTIG.

Lösung Seite 59 (Level 3)
Aufgabe 1:
1. denken; 2. überraschten; 3. Muskeln; 4. Totenkopf; 5. Riese, vergesse; 6. Bären; 7. japste; 8. Schwächere, Unsinn

Aufgabe 2:
siehe Lösung zu Level 1 und 2

Weiterführende Anregung
Lassen Sie die Schüler diskutieren, was passiert wäre, wenn Robert sich wie üblich versteckt hätte. Wie wäre dann das 10. Kapitel ausgegangen? Alternativ kann diese Frage-

stellung auch als Ausgangsbasis für einen Schreibauftrag dienen.

KV Seite 60

Ich packe meine Kiste

Robert und Monsterboy haben einen Umzug in eine andere Stadt hinter sich. Spielen Sie zur Einstimmung „Ich packe meinen Koffer“ in abgewandelter Form: Statt in einen Koffer kommen Gegenstände aus der Wohnung in einen Umzugskarton. Der Spruch lautet dann zum Beispiel: „Ich packe meine Kiste und nehme mit: ein Abenteuerbuch …“

Das Arbeitsblatt regt die Kinder dazu an, sich zu überlegen, wie man einem neuen Mitschüler den Start erleichtern kann. Zum Abschluss geht es darum, was der Umzug bei den Hauptfiguren des Buches ausgelöst hat. Für beide waren die vorangegangenen familiären Probleme und der Wechsel in die neue Umgebung einschneidende Erlebnisse. Sie schützten sich mit „Tarnumhang“ und „Monsterverkleidung“.

Lösung

Aufgabe 1:
Kleidung: z. B. Pullover, Jeans, Socken
Schulsachen: z. B. Hefte, Stifte, Ordner
Spielzeug: z. B. Fußball, Rennbahn, Kartenspiele

Aufgabe 2:
z. B. Namensschilder vorbereiten, sich gegenseitig vorstellen, ein Willkommenslied singen, eine Schulhausführung machen, dem neuen Mitschüler einen Paten zur Seite stellen, zusammen in die Pause gehen

Aufgabe 3:
Jo litt unter der Trennung der Eltern. Außerdem hatte er Angst vor der neuen Schule und den fremden Kindern. Er wollte besonders cool sein, um viele Freunde zu finden.

KV Seite 61

Eine lange Geschichte

Durch die neu geknüpfte Freundschaft mit seinem Tischnachbarn ändern sich Roberts Erscheinungsbild und sein Verhalten. Er fühlt sich sicherer und ist deshalb bereit, seine „Unsichtbarkeit“ aufzugeben. Das fällt auch seiner Mutter auf.
Auf dem Arbeitsblatt ergänzen die Schüler Roberts Erzählung über seinen neuen Freund. So vollziehen sie die verschiedenen Phasen des Verhältnisses der beiden Hauptfiguren nach.

Lösung

„Wir haben seit Kurzem einen neuen Jungen in der Klasse, er sitzt im Unterricht neben mir. Am Anfang war er schrecklich angezogen, mit einer schwarzen Stacheljacke, einer Totenkopfkappe und einer Kette mit echten Zähnen. Und er hat sich unmöglich benommen. Zum Beispiel auf dem Pausenhof: Da hat er andere geärgert und alles schmutzig gemacht. Am schlimmsten war es dann beim Schulfest. Wir haben fast kein Geld eingenommen, weil er die Gäste schlecht behandelt hat und danach niemand mehr in unser Café kommen wollte. Die ganze Klasse war wütend auf ihn und hat ihn beschimpft. Deshalb ist er abgehauen. Ich bin ihm nachgelaufen. Bei drei Motorrädern habe ich ihn entdeckt. Dann wurde er von den drei Motorradfahrern bedroht, die gefährlich und stark wie Bären ausgesehen haben. Ich hatte riesige Angst. Trotzdem (…)“

KV Seite 62

Freund und Feind

Manchmal werden Feinde zu Freunden. So geht es den beiden Hauptfiguren des Buches. Je intensiver sie sich miteinander beschäftigen, desto mehr Gemeinsamkeiten stellen sie fest. Auf dem Arbeitsblatt befassen sich die Schüler damit, wie es dazu gekommen ist. Das soll sie motivieren, sich nicht vorschnell eine Meinung über andere zu bilden, sondern genauer hinzusehen. Darüber hinaus machen sie sich Gedanken, was ihnen selbst an einem Freund wichtig ist.

Lösung

Aufgabe 1:
Robert hat gemerkt, dass Jo in Wirklichkeit gar nicht so gemein ist und dass sie Ähnliches erlebt haben.

Aufgabe 3:
Sie finden gut, dass er sich entschuldigt, und sind ihm gegenüber aufgeschlossen.

Nach der Lektüre

Dieser Abschnitt dient einem positiven Ausklang der Lektürearbeit. Im Rahmen einer Buchkritik ist die Meinung der Schüler gefragt. Beim Memory, das sie selbst basteln, steht der Spielspaß im Mittelpunkt. So behalten sie „Monsterboy“ sicher in guter Erinnerung.

Hinweise zu den Kopiervorlagen

KV Seite 63

Meine Buchbewertung

Zunächst schreibt jeder für sich seine Meinung zum Buch auf, danach wird im Plenum darüber gesprochen. In einem kurzen Brief stellt sich anschließend die Autorin vor. Sie freut sich über Rückmeldungen per Brief oder E-Mail. Auf diesem Weg können auch Fragen zur Lektüre gestellt werden. Die Kontaktdaten finden Sie unter *www.judith-lehuray.de.*

KV Seite 64

Monsterboys Memory

Zum Abschluss der Lektürearbeit basteln die Schüler in Kleingruppen ein Memory. Jede Gruppe erhält zwei Ausgaben der Kopiervorlage. Die Bildkarten werden auf einen dünnen Pappkarton geklebt. Die Kinder können sie ausmalen. Um eine bessere Haltbarkeit zu gewährleisten, können Sie sie laminieren. Am Ende schneiden die Schüler die Spielkarten aus. Das Memory lässt sich auch um selbst gebastelte Karten erweitern.

Zum Spielablauf: Die Bildkarten werden mit den Motiven nach unten auf den Tisch gelegt. Das jüngste Kind deckt zwei Karten auf. Ist es ein Paar, darf es sie behalten und weiterspielen. Ansonsten dreht es die Karten an derselben Stelle wieder um und das nächste Kind kommt an die Reihe. Gewonnen hat, wer am Ende die meisten Kartenpaare gesammelt hat.

Das Memory kann auch noch eingesetzt werden, wenn die Unterrichtseinheit abgeschlossen ist – beispielsweise zur Entspannung nach konzentrierter Arbeit.

Weitere Unterrichtsvorschläge

- Falls Sie zu Beginn der Lektürearbeit die Kopiervorlage „Wie ist die Stimmung bei uns?“ (S. 22) eingesetzt haben, können Sie den Fragebogen nun ein zweites Mal anonym von den Kindern ausfüllen lassen. Hat sich etwas verändert?
- Die Lektüre diente den Schülern als Anstoß, sich bewusst mit gutem Benehmen und dem sozialen Miteinander zu befassen. Damit die Thematik präsent bleibt, können Sie „Die freundlichen zehn Minuten“ als regelmäßiges Ritual einführen. Einmal in der Woche setzt sich die Klasse für zehn Minuten in entspannter Atmosphäre zusammen. In dieser Zeit haben die Kinder die Möglichkeit, ihren Mitschülern etwas Nettes zu sagen, sie für hilfsbereites Verhalten zu loben oder anzumerken, wenn jemand eine Aufgabe besonders gut erledigt hat. Auch was ihnen sonst Positives im Schulalltag und im Unterricht aufgefallen ist, dürfen sie äußern. So wird Raum für einen respektvollen Austausch geschaffen. Kritik und Beschwerden werden an anderer Stelle vorgebracht.

Name:

Wachsen Bücher an Bäumen?

Lies den Text.

Wachsen Bücher an Bäumen? Nein, natürlich nicht. Viele Menschen arbeiten daran, bis du ein Buch in den Händen halten kannst: Der Autor denkt sich eine Geschichte aus und schreibt sie am Computer auf. Das kann ein paar Monate dauern, aber auch mehrere Jahre. Dann schickt er die Geschichte an einen Verlag. Dort wird sie im sogenannten Lektorat geprüft und es wird entschieden, ob sie gedruckt werden soll.

Wenn der Verlag die Geschichte veröffentlichen möchte, geht es an die Textarbeit. Ein Lektor prüft das Manuskript, bespricht es mit dem Autor und korrigiert den Text. Außerdem sucht der Verlag eine passende Schrift aus und entscheidet, wie das Buch aussehen soll.

Als Nächstes ist der Illustrator an der Reihe: Er zeichnet die Bilder zur Geschichte und für den Einband. Bis alles gut aussieht, feilt man oft wochenlang daran. Am Computer fügt ein Setzer Text und Bilder zusammen. Am Ende wird diese Datei an die Druckerei geschickt. Mit riesigen Druckmaschinen werden die Buchseiten auf große Bögen gedruckt. In der Buchbinderei faltet man diese Papierbögen, versieht sie mit dem Einband und schneidet die Seiten auf. So werden oft einige Tausend Bücher auf einmal hergestellt.

Dann sind die Bücher endlich fertig, kommen in den Verkauf und die Geschichte kann von allen gelesen werden.

Wer hat an „Monsterboy" mitgearbeitet? Notiere die Namen.

Tipp: Sieh im Buch auf den Seiten 3 und 4 nach.

Autorin: ______________________

Illustratorin: ______________________

Verlag: ______________________

Lektorinnen: ______________________

Satz: ______________________

Druckerei: ______________________

Wie ist die Stimmung bei uns?

Geht ihr in deiner Klasse freundlich miteinander um? Kreuze an.

	sehr oft	oft	ab und zu	nie
1. Wir helfen uns gegenseitig.	☐	☐	☐	☐
2. Wir sind nett zueinander.	☐	☐	☐	☐
3. Wir streiten uns.	☐	☐	☐	☐
4. Wir beschimpfen uns.	☐	☐	☐	☐
5. Wir schlagen uns.	☐	☐	☐	☐
6. Bei uns werden Mitschüler ausgelacht, wenn sie im Unterricht einen Fehler machen.	☐	☐	☐	☐
7. Bei uns werden Mitschüler ausgeschlossen.	☐	☐	☐	☐
8. Ich habe in der Pause jemanden, mit dem ich spielen kann.	☐	☐	☐	☐
9. Unsere Lehrerin / unser Lehrer ist nett.	☐	☐	☐	☐
10. Unsere Lehrerin / unser Lehrer unterstützt mich, wenn ich Hilfe brauche.	☐	☐	☐	☐
11. Unsere Lehrerin / unser Lehrer behandelt alle Schüler gleich.	☐	☐	☐	☐

Mein Lesetagebuch

Kapitel	Zusammenfassung des Inhalts	Meine Zeichnung

LEVEL 1 2 3

Name:

Dringend gesucht: Monsterboy

Ergänze den Steckbrief und male ein Bild von Monsterboy.

Deckname: **Monsterboy**

Richtiger Vorname: ______________________

Klasse: ______________________

Haare: ______________________

____

Körperbau: ______________________

____

Kleidung: ______________________

____

____

____

____

Bewunderer: ______________________

____

Name:

Guten Morgen, Frau Blum!

Du sprichst nicht mit allen Menschen gleich.

Warum redest du mit deinem Lehrer anders als mit einem Freund?
Notiere deine Ideen.

Zu wem könnte Robert folgende Sätze sagen? Verbinde die Sprechblasen mit den passenden Personen.

Hallo, wie geht's? Sag mal, hast du die Mathehausaufgabe kapiert?

Machst du mir heute bitte Pfannkuchen?

Guten Tag! Ja, genau, gehen Sie einfach noch hundert Meter geradeaus. Dann kommt die Schule auf der rechten Seite.

Guten Morgen, Frau Blum!

Lehrerin | Fremder | Mutter | Mitschüler

Name:

LEVEL 1 2 3

Geht das auch anders?

Nicht nur Monsterboy verhält sich frech und unhöflich. Auch Elias und Murat treffen nicht immer den richtigen Ton.

Wie könnte man die unterstrichenen Sätze freundlicher ausdrücken? Notiere.

Elias hat sein Federmäppchen vergessen. „He, gib mal 'nen Stift!“, sagt er zu Murat.

Murat reicht ihm einen Bleistift. „Hm“, entgegnet er.

Elias fällt der Stift zu Boden. Als er ihn aufhebt, stößt er aus Versehen gegen Murats Bein. „Ups“, sagt Elias.

Spiele die Situation zwischen Elias und Murat mit deinem Banknachbarn nach: einmal unhöflich und einmal höflich. Welche Unterhaltung ist angenehmer? Sprecht über die Unterschiede.

Ist höfliches Verhalten wichtig? Schreibe auf und begründe deine Meinung.

Name:

LEVEL 1 2 3

Beinahe unsichtbar

Robert und Monsterboy sind die beiden Hauptfiguren des Buches. Aber Robert verhält sich ganz anders als sein neuer Banknachbar.

Wie kann man Robert beschreiben? Male zutreffende Adjektive an und streiche die übrigen durch.

laut | unauffällig | mutig | frech | aufdringlich | unscheinbar | still | zurückhaltend | aufgedreht | schüchtern | hilfsbereit | verschlossen

Im 2. Kapitel zieht Monsterboy seinen Mitschüler Michel wegen seines Stotterns auf. Später stellt er Julian sogar ein Bein.

Wie verhält sich Robert? Schreibe auf.

Wie findest du Roberts Verhalten? Was könnte er anders machen? Notiere und begründe deine Meinung.

Name:

LEVEL 1 2 3

Unruhe auf dem Schulhof (1)

Robert beobachtet seinen neuen Klassenkameraden. Was sieht und hört er? Trage die Antworten ein.

1. Wie sehen Lauras Augen beinahe aus? Wie blaue ______________.
2. Wann ist Monsterboy umgezogen? Am ______________.
3. Dennis schauspielert auf dem Schulhof. Was hängt ihm dabei aus dem Mund? Die ______________.
4. Dennis boxt Monsterboy gegen die Schulter. Woran tut er sich weh? An den ______________.
5. Eine Amsel lässt etwas fallen. Was bekommt der Totenkopf auf Monsterboys Kappe dadurch? Eine ______________ ______________.

6. Wie reagieren einige Kinder, als ein Mädchen sich auf die dreckige Bank setzt? Sie ______________.
7. Was äfft Monsterboy nach? Michels ______________.
8. Monsterboy versucht Michel einzuschüchtern. Welchem Tier ähnelt er dabei? Einem ______________.
9. Mit welchem Tier vergleicht Marina Michel? Mit einer ______________.
10. Wem stellt Monsterboy ein Bein? Michels Freund ______________.

Name:

LEVEL 1 2 3

Unruhe auf dem Schulhof (2)

Suche die Wörter von Arbeitsblatt 1 im Buchstabengitter und kreise sie ein. Die Begriffe können waagrecht, senkrecht und diagonal stehen.

F	R	L	M	I	Z	V	S	X	P	G	M	F	E	S
S	A	J	K	I	C	H	E	R	N	P	I	Z	S	G
Z	O	U	Q	W	R	Z	S	E	A	A	S	Y	T	Y
U	H	L	D	A	O	G	H	R	X	C	T	L	O	M
N	B	I	S	S	U	C	X	T	G	U	A	Z	T	Ü
G	Q	A	E	X	Z	P	H	F	U	N	C	G	T	C
E	A	N	P	R	P	L	L	E	P	Q	H	B	E	K
R	Y	C	E	P	W	M	T	K	N	S	E	P	R	E
X	R	H	F	J	X	R	I	A	Q	E	L	N	N	P
W	F	P	G	I	N	F	A	Z	Y	T	N	W	Q	A
A	P	G	O	R	I	L	L	A	Z	W	A	D	Y	R
S	I	F	C	G	K	T	V	I	P	Y	X	S	E	W
D	Q	D	A	F	Z	U	X	O	U	P	U	T	P	D
J	C	O	O	L	E	F	R	I	S	U	R	G	W	C
W	B	U	K	H	B	B	M	L	F	B	K	R	S	F

Robert fragt sich am Ende des 2. Kapitels, warum seine Mitschüler bei den gemeinen Aktionen von Monsterboy mitmachen. Was vermutest du? Schreibe auf.

LEVEL 1 2 3

Name:

Wer verhält sich mutig?

Was findest du mutig? Kreuze an.

- ☐ Tomaten an ein Fenster werfen
- ☐ sich einmischen, wenn jemand Hilfe braucht
- ☐ ein Graffiti an die Wand sprühen
- ☐ einen gemeinen Mitschüler verprügeln
- ☐ auf einen Baum klettern
- ☐ einem Lehrer sagen, wenn jemand bedroht wird

Schreibe ein Erlebnis auf, bei dem du selbst mutig warst.

Suche aus den ersten drei Kapiteln drei Situationen heraus, in denen sich jemand mutig verhält. Nenne die Figur und beschreibe, was sie tut.

Ist es immer sinnvoll einzugreifen, wenn andere in Gefahr sind? Wo liegen die Grenzen? Sprich mit einem Partner darüber.

Name: ______

LEVEL 1 2 3

Wie spät ist es?

Monsterboy kommt zu spät zur Schule. Trage in die beiden Uhren ein, wann der Unterricht beginnt und wann Monsterboy eintrifft.

Löse die Rechenaufgaben und notiere die Ergebnisse in ganzen Sätzen.

1. Es ist Mittwoch, 14.30 Uhr. Peters Freund kommt am Freitag um 16 Uhr zu Besuch. Wie lange muss er noch warten?

Rechnung:

Antwort: ______

2. Nicht überall auf der Welt ist es gleich spät. Das nennt man „Zeitverschiebung“. Annika ruft um 10 Uhr bei ihrer Tante in New York an, um ihr zum Geburtstag zu gratulieren. „Hello?“, sagt die Tante und gähnt. In New York ist es 6 Stunden früher. Wie spät ist es?

Rechnung:

Antwort: ______

3. „Melden Sie sich bitte pünktlich um 16 Uhr, damit wir über die Rückkehr meines Sohnes an Ihre Schule sprechen können“, schreibt Herr Sasaki aus Tokio per E-Mail an Frau Blum. In Japan ist die Uhrzeit im Sommer 7 Stunden voraus. Wann muss sie anrufen?

Rechnung:

Antwort: ______

Name:

Was denkt der sich nur?

Vielleicht hat man das Stachel-monster von der Schule geworfen. Oder alles war nur ein Albtraum.

Du erfährst im Buch immer wieder, was Robert denkt. Woran erkennst du seine Gedanken?

Suche im 3. Kapitel zwei Sätze, die zeigen, was Robert über Monsterboy denkt. Lies sie einem Partner vor.

Monsterboy handelt im 3. Kapitel sehr unterschiedlich. Überlege mit deinem Partner, was er in den folgenden Situationen denken könnte. Wähle eine Szene aus und schreibe die Gedanken auf.

1. Monsterboy kommt mit Verspätung ins Klassenzimmer.
2. Monsterboy schießt den Fußball auf die Straße.
3. Monsterboy rast mit dem Fahrrad auf die Jugendlichen zu.

Name:

LEVEL 1 2 3

In einer Dose mit Zwergsardinen

In der Geschichte kommen witzige Vergleiche vor.

Welcher Begriff fehlt? Ergänze.

1. Schmal wie ein ____________________ quetschte Robert sich an den Rand.
2. Monsterboy machte sich so breit wie ein Elefant mit ____________________.
3. „Die Blum war platt wie 'ne ____________________."
4. Robert hatte ungefähr so viel Platz wie ein ____________________ in einer Dose mit Zwergsardinen.

Auch in Redensarten gibt es Vergleiche. Notiere die fehlenden Begriffe.

Jemand schläft so tief wie ein ____________________.

Jemand ist fleißig wie eine ____________________.

Sie gleichen sich wie ein ____________________ dem ____________________.

Denke dir selbst Vergleiche aus und schreibe sie auf.

Sie rennt so schnell wie ____.

Er ist so lahm wie ____.

Sie kichert wie ____.

Er ist so schmutzig wie ____.

LEVEL 1 2 3

Name:

Total cool?

Einige aus der Klasse finden Monsterboy cool, andere ärgern sich über sein Verhalten. Markiere die Mitschüler in verschiedenen Farben: finden ihn cool = blau, sind verärgert = rot.

Dennis Murat Nelly Peter Elias Robert

Laura Annika Michel Marina Julian Salim

Was könnte den Bewunderern an Monsterboy gefallen? Warum machen sie jeden Unsinn mit? Notiere.

Weshalb sind die anderen Kinder genervt von Monsterboy? Schreibe auf.

Tipp: Lies im 4. Kapitel nach.

Stell dir vor, ein Junge wie Monsterboy kommt neu in deine Klasse. Was würdest du tun? Sprich mit einem Partner darüber.

Name: ____________________

LEVEL 1 2 3

Blass vor Angst

Monsterboy und seine neuen Freunde belästigen auf dem Heimweg von der Schule eine ältere Frau, die mit einem Rollator unterwegs ist.

Wie reagiert die Frau? Kreuze an.

- ☐ Sie erhebt leise Einspruch.
- ☐ Die Frau zittert.
- ☐ Sie ruft um Hilfe.
- ☐ Ihr Gesicht wird ganz blass.
- ☐ Sie wehrt sich mit ihrem Gehstock.
- ☐ Die Seniorin ruft die Polizei.
- ☐ Die Frau hat Angst.
- ☐ Sie redet auf die Kinder ein.

Wie findest du das Verhalten von Monsterboy und seinen Freunden? Schreibe auf und begründe deine Meinung.

____

____

____

____

Wer ist besonders mutig? Warum? Ergänze den Text.

Besonders mutig finde ich ____________________, weil ____________________

____.

Erarbeitet ein Rollenspiel zur Szene. Probiert mehrere Varianten aus: Was könnte der Mann tun, der einfach weitereilt? Wie könnte Robert einschreiten? Mach dir vorher Notizen zu deiner Rolle und deinem Verhalten.

Name:

LEVEL 1 2 3

Sich in andere hineinversetzen

Monsterboy und seine Freunde meinen, ihre Aktionen wären cool. Aber wie geht es den Opfern?

Schreibe auf, was sie denken könnten.

Michel, als er von Monsterboy wegen des Stotterns gehänselt wird:

Julian, nachdem ihm ein Bein gestellt wurde:

Der Erstklässler, dessen Ball zerstört wurde:

Die alte Frau, als sie geärgert und bestohlen wird:

Male die Adjektive an: grün = gute Gefühle, rot = schlechte Gefühle, blau = keine Gefühle.

traurig | schnell | dankbar | heiter | dunkel | glücklich

empört | grün | erleichtert | verängstigt | laut

dreckig | zornig | entsetzt | froh | spitz | stolz

eifersüchtig | zufrieden | eckig | beleidigt

Name:

LEVEL 1 2 3

Immer hilfsbereit

Monsterboys Freunde machen alles mit, um dazuzugehören. An welchen Aktionen würdest du dich beteiligen? An welchen nicht? Kreuze an. Vergleiche das Ergebnis anschließend mit einem Partner.

Würdest du ...	ja	nein	vielleicht
... matschige Tomaten ans Fenster der Turnhalle werfen?			
... einem Rollstuhlfahrer im Eiscafé die Tür aufhalten?			
... einem anderen Kind seinen Ball wegnehmen?			
... im Bus einem alten Mann den Sitzplatz anbieten?			
... einem Klassenkameraden die Hausaufgaben erklären?			
... bei einer Schneeballschlacht auf dem Schulhof mitmachen?			
... leere Bäckertüten auf den Gehweg werfen?			
... Kaugummi unter den Schultisch kleben?			
... bei einer Waldputzaktion mitmachen?			
... einen Freund die Hausaufgaben abschreiben lassen?			
... einem Mitschüler ein Bein stellen?			
... von deinem Taschengeld etwas für Ärmere abgeben?			

Lies, was Dennis erzählt.

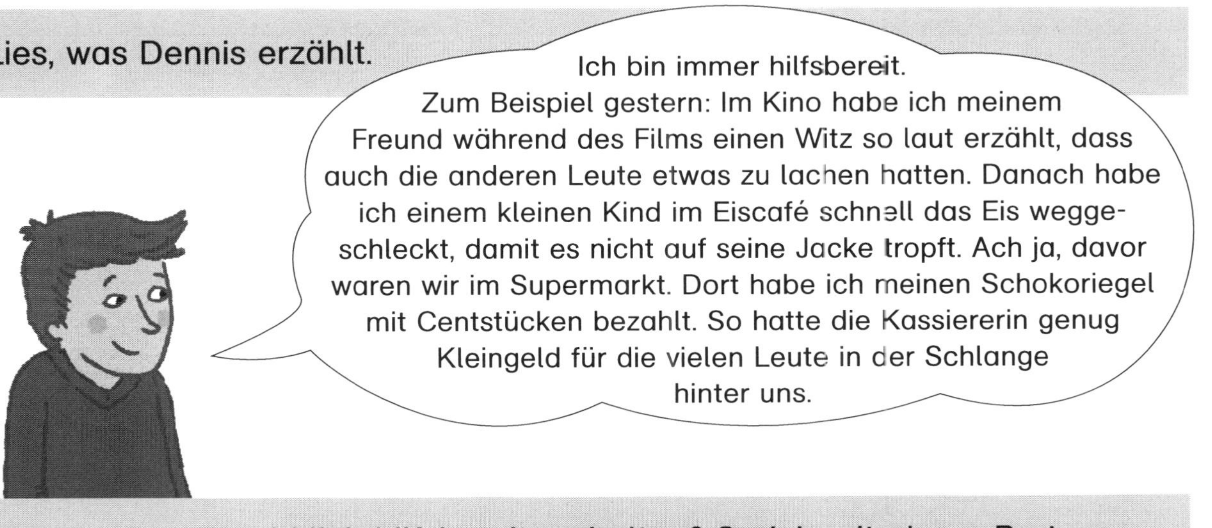

Hat sich Dennis wirklich hilfsbereit verhalten? Sprich mit einem Partner.

LEVEL 1 2 3

Name:

Ein ganz anderer Monsterboy

Nach der Schule geht Robert einkaufen. Erinnerst du dich, was im 5. Kapitel passiert?

Schneide die Textstreifen aus. Sortiere sie in der richtigen Reihenfolge. Die Buchstaben am Rand ergeben dann ein Lösungswort.

Achtung, ein Abschnitt gehört gar nicht zum 5. Kapitel!

✂

Am nächsten Tag fährt Robert mit dem Bus zu seiner Tante. Der Bus ist schon sehr voll. Ein Mann mit Gipsbein und Krücken bekommt keinen Sitzplatz mehr. Robert beobachtet, wie Monsterboy seinen Platz freimacht.	HT
Robert ist so in seine Beobachtung vertieft, dass er sich den Kopf am Container stößt. Er sieht, wie Monsterboy einer alten Frau die Einkaufstasche abnimmt.	OB
Robert soll für seine Mutter im Supermarkt Mehl besorgen. Kurz vor seinem Ziel sieht er Monsterboy. Er versteckt sich hinter einem Glascontainer.	BE
Kurz bevor Robert aussteigen muss, sieht er noch, wie Monsterboy einem Kind den verlorenen Teddy zurückgibt. Monsterboy verhält sich so unerwartet. Daher glaubt Robert langsam, dass Monsterboy einen Doppelgänger hat.	ER
Monsterboy hält die alte Frau auf und holt eine Tafel Schokolade aus ihrer Tasche. Außerdem nimmt er eine Orange heraus und wirft diese herum.	MU
Monsterboy trägt der alten Frau die Tasche nach Hause. Das Geld, das sie ihm dafür anbietet, lehnt er ab.	AC

Name:

LEVEL 1 2 3

Ein ganz anderer Monsterboy

Nach der Schule geht Robert einkaufen. Erinnerst du dich, was im 5. Kapitel passiert?

Schneide die Textstreifen aus. Sortiere sie in der richtigen Reihenfolge. Die Buchstaben am Rand ergeben dann ein Lösungswort.

Achtung, drei Abschnitte gehören gar nicht zum 5. Kapitel!

✂

Am nächsten Tag fährt Robert mit dem Bus zu seiner Tante. Sie ist Friseurin und soll ihm einen neuen Haarschnitt verpassen.	C
Robert ist so in seine Beobachtung vertieft, dass er sich den Kopf anstößt. Er sieht Sternchen vor den Augen. Sicher bekommt er eine Beule.	O
Der Bus ist schon ziemlich voll. Ein Mann mit Gipsbein und Krücken bekommt keinen Sitzplatz mehr.	H
Roberts Mutter braucht Mehl, um Pfannkuchen zu backen. Robert geht gerne für sie zum Supermarkt.	B
Monsterboy erklärt seiner Lehrerin, dass Kaugummi kauen beim Denken hilft. Deshalb will er seinen Kaugummi nicht ausspucken.	N
Monsterboy brettert mit seinem Fahrrad mitten durch die Bande Jugendlicher. Dadurch können Salim und der andere Schüler schnell die Flucht ergreifen.	A
Kurz vor seinem Ziel entdeckt Robert Monsterboy. Er versteckt sich hinter einem Glascontainer, um nicht gesehen zu werden.	E
Bevor Robert aussteigen muss, sieht er noch, wie Monsterboy einen Teddy aufhebt. Er gibt ihm dem kleinen Kind zurück, das den Teddy verloren hat.	E
Robert beobachtet, wie Monsterboy einer alten Frau die Einkaufstasche abnimmt. Er befürchtet, dass sein Klassenkamerad die Frau bestehlen will.	B
Robert beobachtet, wie Monsterboy aufsteht und seinen Platz freimacht.	T
Monsterboy hält die alte Frau auf und holt eine Tafel Schokolade aus ihrer Tasche. Außerdem nimmt er eine Orange heraus und wirft diese herum.	M
Monsterboy läuft neben der alten Frau her und trägt ihr die Tasche nach Hause. Das Geld, das sie ihm dafür anbietet, lehnt er ab.	A
Monsterboy verhält sich so unerwartet. Daher glaubt Robert langsam, dass Monsterboy einen netten Doppelgänger oder Zwillingsbruder hat.	R

LEVEL 1 2 3

Name:

Süße Pfannkuchen

Robert liebt Pfannkuchen. Beim Rezept seiner Mutter fehlen die Mengenangaben. Kannst du sie ergänzen? Die Angaben in den Rahmen helfen dir.

____________________ Mehl

____________________ Milch

____________________ Eier

____________________ Zucker

____________________ Salz

etwas Butter oder Speiseöl zum Backen

1 Prise	2	125 Gramm	$\frac{1}{4}$ Liter	2 Esslöffel

Zubereitung (ergibt etwa 8 Stück):

1. Fülle das Mehl und die Milch in eine Schüssel. Rühre die Mischung mit dem Schneebesen glatt, bis keine Klümpchen mehr zu sehen sind.

2. Gib Eier, Zucker und Salz dazu. Verrühre.

3. Lass den Teig 15 Minuten ruhen.

4. Gib etwas Butter oder Öl in die Pfanne und erhitze sie.

5. Schütte ein wenig Teig in die Pfanne und schwenke sie, bis die Masse gleichmäßig dünn auf dem Boden verteilt ist.

6. Backe den Teig etwa 1 Minute lang auf mittlerer Hitze. Wende den Pfannkuchen und warte kurz, bis er auch auf der anderen Seite goldbraun ist.

7. Nimm den Pfannkuchen heraus, lege ihn auf einen Teller und halte ihn im Backofen warm. Mache dann mit dem nächsten Pfannkuchen weiter.

Guten Appetit!

Name:

LEVEL 1 2 3

Doppelgänger

Bei den beiden Zeichnungen ist nicht alles gleich. Kreise die zehn Fehler im rechten Bild ein.

Manchmal haben zwei Wörter fast dieselbe Bedeutung. Findest du die Doppelgänger? Verbinde.

Schulhaus •	• zügig
Monster •	• Pult
Doppelgänger •	• geräuschvoll
Verhalten •	• Schulgebäude
Schultisch •	• Ebenbild
laut •	• reden
schnell •	• Ungeheuer
sprechen •	• Benehmen

Name:

LEVEL 1 2 3

Voll eklig!

Wer sagt oder denkt was im 6. Kapitel? Notiere den Namen.

Nee, Leute, ich mach da nicht mit.

____

Wer kann am weitesten?

____

Ich war vorhin schon.

____

Die sind doch nicht ganz sauber!

____

Lass mich mal, bevor ich platze.

____

Jetzt werdet ihr sehen, wie weit ein echter Mann kann.

____

Stell dir vor, du müsstest nach solch einer Aktion die Toilette benutzen oder sogar putzen. Wie würde es dir ergehen? Schreibe auf.

Wenn ich die Toilette benutzen müsste, ______________________

____

______________________.

Wenn ich die Toilette putzen müsste, ______________________

____

______________________.

Name: ______________________________

LEVEL 1 2 3

Monsterboys Rache

Robert erlebt im 7. Kapitel mit, wie Monsterboy sich an dem unschuldigen Tim für das Petzen rächt. Nach der Schule geht ihm alles noch einmal durch den Kopf.

Ergänze im folgenden Text die fehlenden Wörter.

Tipp: Lies auf Seite 57 bis 59 nach.

Tim war doch unschuldig.
Ich hab ja selbst gesehen, wie er nach der Pause
aus dem ____________________ gekommen ist.
Er hat für Frau Blum ein ____________________ gemalt. Damit
will sie ____________________ für das Schulfest machen.
Aber Monsterboy hat das nicht mitbekommen und schon im
____________________ auf Tim gewartet. Er hat ihn als
____________________ beschimpft, obwohl Tim gar nicht feige ist. Tim hat
ihm nämlich gesagt, dass er nicht ____________________ hat. Und
außerdem, dass Monsterboy mit einem ____________________
rechnen musste. Es war echt fies von Monsterboy, dann einfach Tims
____________________ zu zerreißen. Tim hatte doch so lang an seinem
____________________ gearbeitet. Bin ich froh, dass mir das nicht
passiert ist! Wahrscheinlich hätte ich es wie Tim gemacht und
Frau Blum gesagt, ich hätte den Aufsatz
____________________.

Name:

LEVEL 1 2 3

Aufsatzschnipsel

Als Hausaufgabe sollte die Klasse einen Aufsatz über ein schönes Ferienerlebnis schreiben. Marina hat vergessen, dass man Nomen großschreiben muss. Unterstreiche alle Nomen rot.

In den ferien war ich mit meinen eltern und meiner schwester in italien. Dort haben wir leckeres eis gegessen. Ganz toll hat mir das meer gefallen. Papa hat mir sogar eine taucherbrille und einen schnorchel gekauft. Mein schönstes erlebnis war, als ich im wasser einen riesigen bunten fisch gesehen habe.

Schreibe Marinas Text richtig in dein Heft.

Monsterboy hat Tims Aufsatz zerrissen. Schneide die Satzteile aus und klebe sie in der richtigen Reihenfolge in dein Heft. Schreibe dann den Aufsatz für Tim fertig und zeichne ein Bild dazu.

✂

in einem Bergdorf	einen großen See, in dem man toll schwimmen
Letztes Jahr waren wir in den Ferien	dabei. An einem Nachmittag bin ich
gefahren. Zuerst war alles ruhig. Doch	mein Bruder: „Schau mal, dort!“ Ich
drehte mich um und traute meinen Augen kaum …	
in Bayern. Dort gab es	plötzlich rief
mit meinem Bruder raus aufs Wasser	
konnte. Wir hatten auch ein Schlauchboot	

Name:

LEVEL 1 2 3

So ein Dreck

Als sie den Schulhof putzen, finden Monsterboy und die anderen Jungen jede Menge Müll.

Sortiere ihn in die richtigen Abfallbehälter. Male dazu jede Tonne und ihren Inhalt in derselben Farbe an.

Milchkarton | Plastikflasche | Apfel | Brötchentüte | Bananenschale | Pflaster | Brotreste | Kaugummi | Kugelschreiber | Briefumschlag | Gurkenglas | Joghurtbecher | Pizzaschachtel | Trinkglas | Weinflasche

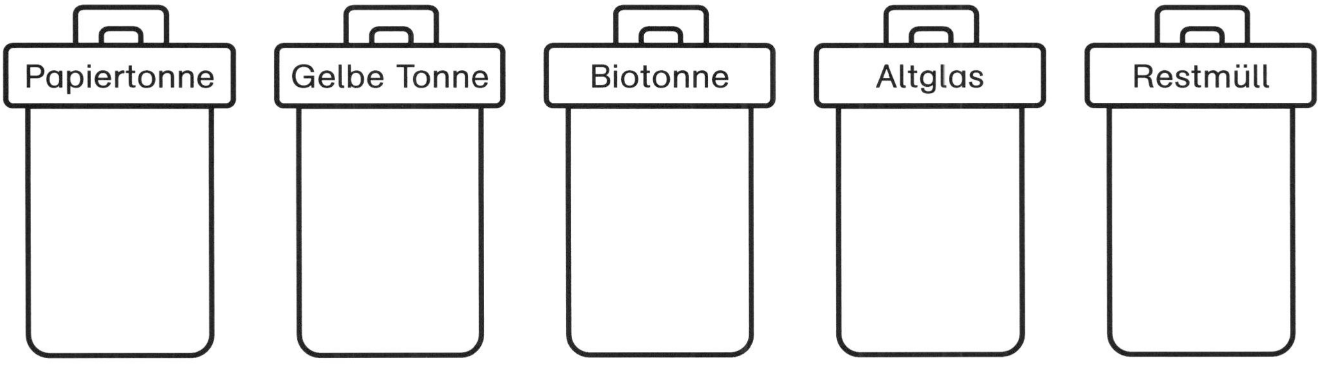

Sieh dich in der Pause auf dem Schulhof um. Haben alle ihren Abfall in die Mülleimer geworfen? Was könnte man besser machen? Sprich mit einem Partner darüber.

Jeden Tag produzieren wir auf der Welt rund 5,5 Millionen Tonnen Müll. Das ist so viel, wie in etwa 140 000 große Lkws passt.

Wie kannst du selbst Müll vermeiden? Diskutiert in der Klasse.

Name:

LEVEL 1 2 3

Blöken, brüllen und johlen

Es gibt viele Wörter, die ausdrücken, dass jemand etwas sagt.
Sammle acht Verben, die zum Wortfeld „sagen“ gehören.

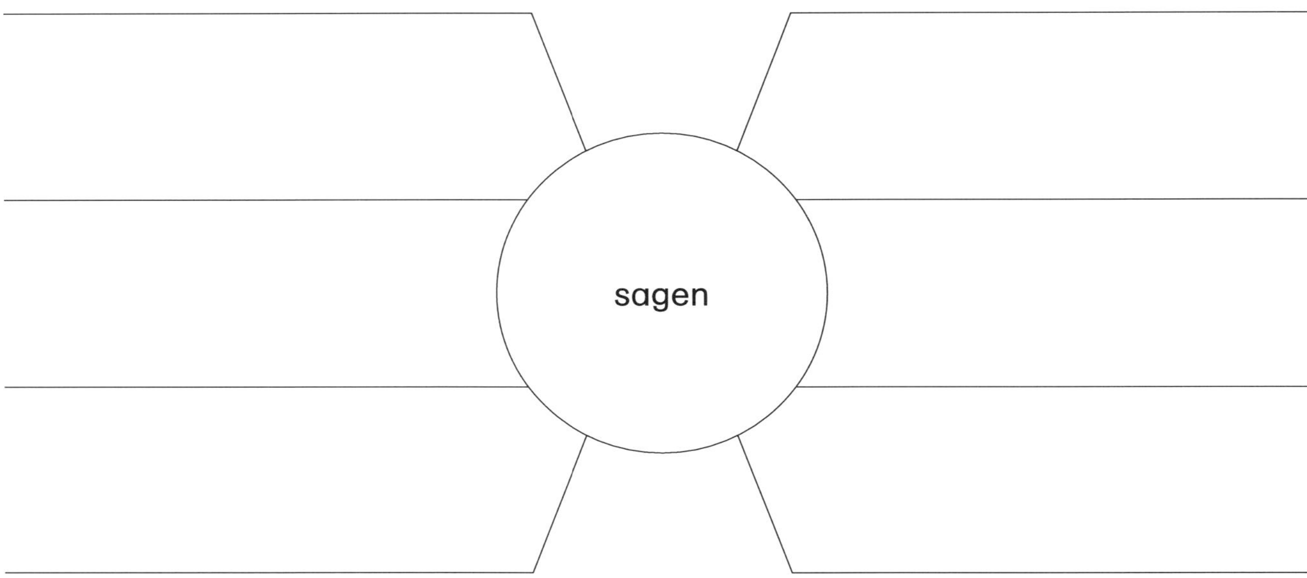

Die Verben aus dem Wortfeld „sagen“ sollten zu dem passen, was gesagt wird.
Zum Beispiel: „Wir sollen ganz leise sein“, schreit Peter. Merkst du, was nicht passt?

Lies die Sätze aus dem 6. und 7. Kapitel. Die Verben aus dem Wortfeld „sagen“ wurden ausgetauscht. Kreuze an: Was passt, was passt nicht?

	passt	passt nicht
1. „Nee, Leute, ich mach da nicht mit“, verkündete Tim.	☐	☐
2. „Dann hau eben ab!“, flüsterte Dennis.	☐	☐
3. „Die Kloschüssel ist das runde Ding da drüben“, stellte Murat klar.	☐	☐
4. „Iiiiiiihhhhh!“, wisperte eine Stimme. „Wie eklig ist das denn?!“	☐	☐
5. „Das ist ja eine riesige Sauerei!“, jubelte er.	☐	☐
6. „Wieso Tim?“, warf Elias wütend ein.	☐	☐

Name:

LEVEL 1 2 3

Blöken, brüllen und johlen

Es gibt viele Wörter, die ausdrücken, dass jemand etwas sagt.
Sammle zwölf Verben, die zum Wortfeld „sagen“ gehören.

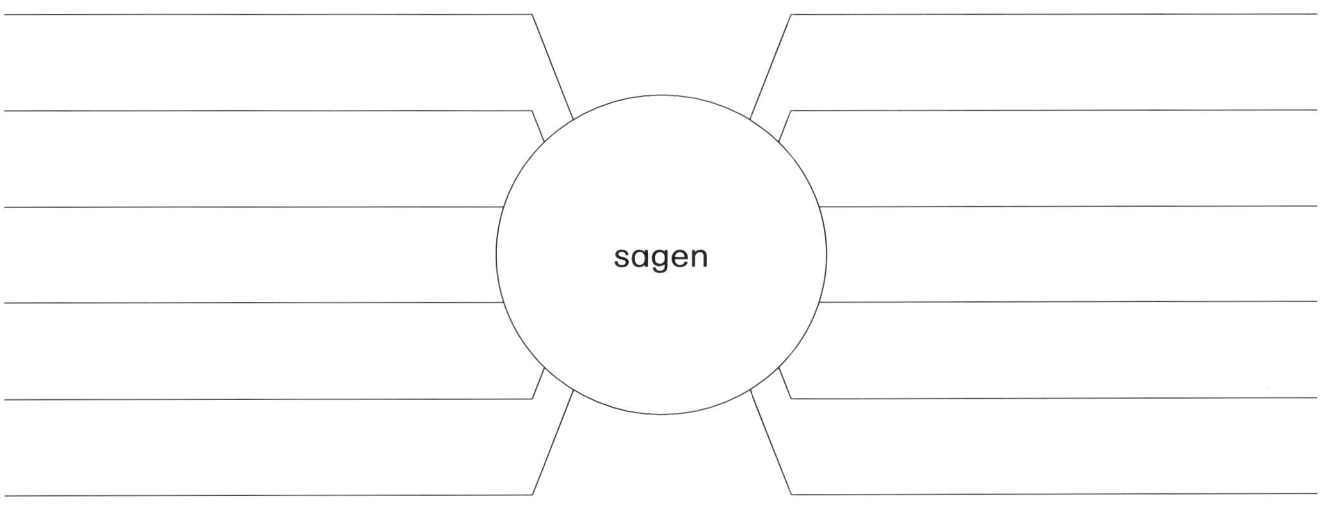

Die Verben aus dem Wortfeld „sagen“ sollten zu dem passen, was gesagt wird.
Zum Beispiel: „Wir sollen ganz leise sein“, schreit Peter. Merkst du, was nicht passt?

Lies die Sätze aus dem 6. und 7. Kapitel. Die Verben aus dem Wortfeld „sagen“ wurden ausgetauscht. Kreuze an: Was passt, was passt nicht?

	passt	passt nicht
1. „Gleich pinkle ich mir in die Hose“, jammerte Dennis.	☐	☐
2. „Mann, bist du schwer von Begriff!“, heulte Monsterboy.	☐	☐
3. „Nee, Leute, ich mach da nicht mit“, verkündete Tim.	☐	☐
4. „Dann hau eben ab!“, flüsterte Dennis.	☐	☐
5. „Nächstes Mal musst du vorher Zielwasser trinken“, schlug Monsterboy vor.	☐	☐
6. „Iiiiiiihhhhh!“, wisperte eine Stimme. „Wie eklig ist das denn?!“	☐	☐
7. „Das ist ja wohl eine riesige Sauerei!“, jubelte er.	☐	☐
8. „Wieso Tim?“, warf Elias wütend ein.	☐	☐

Name:

LEVEL 1 2 3

Schule früher: Lachen verboten

Monsterboy benimmt sich völlig daneben. Der Rektor bestraft ihn mit einer Putzaktion. Vor hundert Jahren ging es in der Schule noch viel strenger zu.

Lies die Schulordnung.

1. Betritt der Lehrer die Klasse, haben alle Schüler aufzustehen und diesen im Chor zu begrüßen.
2. Während des Unterrichts sitzt jeder Schüler still und aufrecht auf seinem Platz.
3. Die Beine stehen ruhig und geschlossen auf dem Boden, die Hände liegen nebeneinander auf dem Tisch.
4. Alle Kinder schauen dem Lehrer aufmerksam in die Augen.
5. Sprechen, Lachen, Flüstern, Umhergaffen, Hin- und Herrücken oder gar Herumlaufen sind verboten.
6. Das Aufzeigen geschieht bescheiden mit dem Zeigefinger der rechten Hand. Dabei stützt die linke Hand den rechten Ellenbogen.
7. Beim Antworten hat sich das Kind zu erheben, gerade zu stehen und mit festem Blick auf den Lehrer laut, deutlich und in ganzen Sätzen zu sprechen.
8. Bücher werden auf Kommando herausgeholt und weggeräumt.
9. Die Schulsachen und das Klassenzimmer müssen stets reinlich und ordentlich gehalten werden.
10. Nach Schulschluss verlassen die Kinder bankweise in einer Reihe geordnet und leise das Klassenzimmer.

Was sagst du zu der Schulordnung? War es früher besser? Oder heute? Diskutiert in der Klasse.

Lies den Text über Strafen von früher. Wie ist deine Meinung dazu? Welche Strafen hast du in der Schule schon erlebt? Sprecht darüber.

In der Schule waren Schläge früher üblich. Der Lehrer gab häufig mit dem Lineal oder einem Rohrstock „Tatzen“ auf die Hände. Auch „in der Ecke stehen“ war eine verbreitete Strafe. Erst im Jahr 1973 wurde die Prügelstrafe per Gesetz abgeschafft.

Name:

LEVEL 1 2 3

Pläne für das Schulfest

Jede Klasse hat sich für das Schulfest etwas ausgedacht. Die Kinder sollten Schilder für alle Zimmer ausdrucken. Doch da ist etwas durcheinandergeraten.

Kannst du die Begriffe richtig zusammenfügen? Schreibe die Wörter auf.

Floh	bude

Torwand	stube

Mini	rad

Kuchen	schießen

Los	zirkus

Musik	verkauf

Bastel	vorführungen

Glücks	markt

Bei zusammengesetzten Nomen ist ein Teil immer ein Nomen. Der andere Teil kann zum Beispiel ein Nomen, Verb oder Adjektiv sein.

Im 8. Kapitel gibt es noch viel mehr zusammengesetzte Nomen. Suche 15 heraus. Übertrage die Tabelle in dein Heft und sortiere die zusammengesetzten Nomen richtig ein.

Nomen + Nomen	Verb + Nomen	andere Wortart + Nomen

Name:

LEVEL 1 2 3

Stimmt das?

Robert glaubt mittlerweile, dass sein Tischnachbar zwei ganz unterschiedliche Seiten hat. Im 8. Kapitel denkt er über dessen gute und schlechte Taten nach.

Was hat Monsterboy gemacht? Was nicht? Kreuze an.

Monsterboy hat …	wahr	falsch
… den Ball eines kleinen Jungen auf die Straße geschossen.		
… den Rollator einer Frau repariert.		
… einen Grundschüler aus den Fängen der Jugendbande gerettet.		
… sich frech gegenüber Frau Blum verhalten.		
… einem kleinen Mädchen eine Puppe geschenkt.		
… Tims Aufsatzheft aus dem Mülleimer gefischt.		
… einer alten Frau die Einkaufstasche nach Hause getragen.		
… sich geweigert, im Unterricht Jacke und Kappe auszuziehen.		
… dem Erstklässler für seinen kaputten Fußball Geld gegeben.		
… beim Fußball gefoult.		
… einer Frau die Geldbörse gestohlen.		
… Frau Blum einen Blumenstrauß geschenkt.		

Monsterboy hat zwei Gesichter. Ist das bei jedem Menschen so? Notiere deine Ideen.

Name:

Nuss-Nugat-Muffins

Dieses Rezept ergibt 80 Muffins. Das ist viel zu viel! Berechne die Zutaten für 10 und für 30 Muffins.

Menge 80 Muffins	Zutaten	Menge 10 Muffins	Menge 30 Muffins
2 kg	Butterkekse	250 g	
3,2 kg	Nuss-Nugat-Creme		
800 g	Butter		
4 kg	Frischkäse		

Zubereitung (ergibt etwa 30 Stück):

1. Gib die Butter mit 2 Esslöffeln Nuss-Nugat-Creme in einen Topf und lass die Mischung schmelzen.

2. Fülle die Kekse in eine Plastiktüte und schlage mit der Faust oder einem Holzhammer darauf, bis sie krümelig sind.

3. Schütte die Krümelkekse in eine Schüssel und mische sie mit der geschmolzenen Schokobutter, sodass eine gleichmäßige Masse entsteht.

4. Fülle die Mischung in Muffinförmchen und drücke sie platt. Stelle sie dann in den Kühlschrank.

5. Rühre die Nuss-Nugat-Creme und den Frischkäse zusammen, bis die Farbe einheitlich ist.

6. Verteile die Masse gleichmäßig auf den Muffinböden und stelle die Form mindestens 3 Stunden in den Kühlschrank.

7. Verziere die Muffins mit Sahne und Mandelsplittern oder bunten Zuckerstreuseln.

Name:

LEVEL 1 2 3

Kuchen suchen

Die Klasse 4b verkauft beim Schulfest Kuchen, Kaffee und Kakao. Für das Plakat haben sich die Schüler einen Reim überlegt. Schreibe ihn auf.

Sie müssen nicht mehr suchen – ______________________________!

Die Klasse hatte noch eine zweite Idee. Ergänze das fehlende Wort. Überlege dir dann einen eigenen Reim, um für das Café zu werben, und notiere ihn.

Sie müssen nicht mehr laufen – hier kann man Kuchen ________________!

Mein Reim: ______________________________

____

In jeder Reihe mit gereimten Wörtern passt eines nicht. Streiche es durch.

Ball Knall Aal Wasserfall prall Pferdestall

Baum kaum Rahm Traum Saum Raum

Tasche Flasche Asche wasche überrasche Marsch

Bei dem Gespenstergedicht stimmt etwas nicht. Ersetze die vier unterstrichenen Wörter bzw. Wortbestandteile.

Auf Schreckgestein, da wohnt ein Geist,
der Graf von Gruselhausen kitzelt. ________________
Um Mitternacht spukt er durchs Haus,
erschreckt damit Mensch, Hund und Polizei. ________________

Wenn er dann heult, so schrill und laut,
dann kriegt man eine Gänsepastete. ________________
Warum er heult und stöhnt und schreit?
Er hat so Angst vor Dunkelblau! ________________

Name:

LEVEL 1 2 3

Monsterrätsel

Wie war das alles beim Schulfest? In den Kapiteln 8 und 9 kannst du die Lösungen finden. Trage die Wörter in Großbuchstaben ein.

1. Wer kommt zu spät zum Schulfest?
2. Wer reicht Elias eine Girlande auf die Leiter?
3. Wo sind Peter und Nelly eingesetzt?
4. Wer spült mit Robert das Geschirr?
5. Wofür sollen die Einnahmen verwendet werden?
6. Wo gewinnt Murat ein Fußballtrikot?
7. Was drückt Monsterboy in ein Tortenstück?
8. Wer ist mit Emmi für die Kasse zuständig?
9. Was kippt Monsterboy über die Hose einer Frau?
10. Wer kommt nicht, um die 4b zu verhaften?
11. Was wirft Monsterboy auf Tim?
12. Woran putzt Monsterboy seine verschmierten Hände ab?

Lösungswort:

1	2	3	4	5	6	7	8	9	10	11	12	13	14	15	16

Name:

LEVEL 1 2 3

Rechnen im Café 4b

Löse die Rechenaufgaben.

1. Ein Dutzend sind 12, das weißt du sicher. Wir rechnen dutzendweise:

a) 3 Dutzend Kaffeetassen stehen bereit, das sind ______ Stück.

b) Es kommen ein ganzes und ein halbes Dutzend Gäste, also ______.

2. Insgesamt gibt es 12 Kuchen und Torten. Davon werden 6 Torten aufgeteilt zu je 16 Stück, 4 Torten zu je 12 Stück und 2 Kuchen zu je 10 Stück.

a) Wie viele Stücke könnte die 4b verkaufen?

Rechnung:

Antwort: ______

b) Wie viel könnten die Schüler bei 2 Euro pro Stück höchstens einnehmen?

Rechnung:

Antwort: ______

c) Wenn jeder Gast zum Kuchen eine Tasse Kaffee oder Kakao für 1,50 Euro nimmt: Wie hoch könnten dann die Einnahmen insgesamt sein?

Rechnung:

Antwort: ______

3. Wie viel hat die 4b eingenommen? Lies auf Seite 76 nach und rechne zusammen (Kaffee / Kakao = 1,50 Euro, Kuchenstück = 2 Euro, Trinkgeld = 8 Euro).

Rechnung:

Antwort: ______

Name:

LEVEL 1 2 3

Ganz in Gedanken

Während des Schulfests haben die Schüler, Lehrer und Gäste ganz unterschiedliche Gedanken. Wer denkt sich wohl was? Lies im 9. Kapitel nach und verbinde die Gedankenblasen mit den Namen.

Murat • Frau Blum • Annika • Emmi

Keine zwei Minuten im Zimmer und schon kommen wieder dumme Sprüche von dem Jungen. Was kann ich nur tun, damit er lernt, sich zu benehmen?

Zeit für eine Tortenschlacht. Das finden die Jungs bestimmt auch lustig.

Der Neue ist echt doof! Und jetzt sieht er auch noch, dass ich weine.

Aua! Was macht dieser Junge denn nur? Das bekomme ich ja nie wieder raus.

Glück gehabt! Fast hätte er mich mit dem Kuchen erwischt.

Ich freue mich riesig. Endlich hab ich auch mal was gewonnen!

Herrje, was ist da in der Torte? Eine Fliege?! Hab ich etwa schon was von dem Ungeziefer gegessen?

Hilfe! Die Torte klebt mir überall im Gesicht. Und wie bekomme ich die wieder aus den Haaren?

Mann • Monsterboy • Frau • Tim

Als erste Gäste saßen zwei alte Damen im Café 4b. Sie haben sich durch die Unruhe nicht stören lassen und sind erst ganz zum Schluss gegangen. Worüber könnten sie sich auf dem Heimweg unterhalten? Schreibe einen kurzen Dialog in dein Heft.

Name:

LEVEL 1 2 3

Gerüchteküche

Lies, was Frau Müller ihrer Nachbarin Frau Meier erzählt.

„Gestern war ich beim Schulfest. Die Klasse meines Nachbarjungen verkaufte Kaffee und Kuchen. Was ich dort erleben musste, war empörend. Ein Herr stürzte zu Boden, weil ihm der Stuhl weggezogen wurde. Danach hatte er heftige Rückenschmerzen. Ein anderer Mann fand eine tote Fliege in seiner Torte. Das ist doch eklig! Und mir hat so ein Bengel doch tatsächlich heißen Kaffee über die Hose geschüttet. Das hat ganz schön wehgetan und der Fleck war äußerst peinlich."

Frau Meier trifft Frau Krause und berichtet ihr vom Schulfest. Aber sie übertreibt ein bisschen. Unterstreiche, was nicht stimmt.

„Sie werden nicht glauben, was Frau Müller gestern in der Schule erlebt hat. Die Klasse ihres Nachbarjungen verkaufte Kaffee und Kuchen. Stellen Sie sich vor: Alles war verschimmelt und voller Ungeziefer! Einem Mann wurde gewaltsam der Stuhl weggezogen. Er verletzte sich schwer und musste ins Krankenhaus gebracht werden. Und die arme Frau Müller wurde mit brühendem Kaffee übergossen. Nun hat sie schlimme Brandwunden. Diese Kinder sind kriminell!"

Frau Krause trifft Frau Schmidt und berichtet von Frau Müllers Erlebnis. Frau Krause übertreibt noch ein bisschen mehr als Frau Meier. Was könnte sie erzählen? Schreibe ihre Version in dein Heft.

Name:

LEVEL 1 2 3

Wer hätte das gedacht?

Am Montag nach dem Schulfest wird Monsterboy von seinen Mitschülern mit gemeinen Worten empfangen und sogar angegriffen.

Beantworte die Fragen.

Tipp: Lies im 10. Kapitel nach.

1. Wie findet Robert das Verhalten seiner Mitschüler?

2. Monsterboy wird unter den Beschimpfungen immer kleiner. Er zittert und hat feuchte Augen. Was könnte ihm durch den Kopf gehen?

3. Schließlich rennt Monsterboy aus der Klasse. Was empfindet Robert und wie reagiert er? Warum ist das Verhalten eher ungewöhnlich für ihn?

4. Monsterboy wird von drei Motorradfahrern bedroht. Was macht Robert? Wie geht die Situation aus?

Name: LEVEL 1 2 3

Aus Angst wird Mut

Robert beobachtet, wie drei Motorradfahrer Monsterboy bedrohen. Da merkt er, dass er eingreifen muss, um seinen Klassenkameraden zu retten.

Lies die Sätze. Nur jeweils eines der Wörter in Großbuchstaben ist richtig. Unterstreiche es farbig.

Tipp: Lies im 10. Kapitel nach.

1. Roberts Kopf konnte nicht mehr NICKEN (T) / DENKEN (G). Stattdessen liefen seine Beine los.
2. Aus dem Augenwinkel sah Robert den VERÄNGSTIGTEN (A) / ÜBERRASCHTEN (I) Blick seines Tischnachbarn.
3. „Nein“, sagte Robert und spürte, wie die Kraft aus seinen Beinen wich. Doch er durfte nicht SCHLAPPMACHEN (T) / WEGRENNEN (S).
4. Robert bückte sich nach dem Wimpel und drückte ihn dem BESITZER (U) / MONSTER (O) in die Hand.
5. Der RIESE (M) / DICKE (Y) verengte seine Augen zu Schlitzen. „Verschwindet, bevor ich mich VERGESSE (R) / ERHOLE (A)“, zischte er.
6. Zusammen rasten sie auf und davon. Vier Häuserblocks weiter ging Robert die Puste aus. „Ich kann nicht mehr“, JAPSTE (E) / SCHIMPFTE (F) er.
7. Selbst Monsterboy schnaufte wie ein NILPFERD (K) / WALROSS (P) mit Erkältung. „Danke! Du hast mich gerettet.“
8. Monsterboy hörte sich unsicher an. Gar nicht wie der ULTRAGEMEINE (A) / MONSTERMÄSSIGE (U) Fiesling, der tonnenweise STRAFARBEITEN (N) / UNSINN (S) machte.

Die Buchstaben hinter den richtigen Wörtern ergeben von unten nach oben gelesen ein Lösungswort. Schreibe es auf.

Robert ist plötzlich ______________________.

Name:

LEVEL 1 2 3

Aus Angst wird Mut

Robert beobachtet, wie drei Motorradfahrer Monsterboy bedrohen. Da merkt er, dass er eingreifen muss, um seinen Klassenkameraden zu retten.

Lies die Sätze. Nur jeweils eines der Wörter in Großbuchstaben ist richtig. Unterstreiche es farbig.

Tipp: Lies im 10. Kapitel nach.

1. Roberts Kopf konnte nicht mehr SITZEN (N) / NICKEN (T) / DENKEN (G). Stattdessen liefen seine Beine los. Ganz von allein.
2. Aus dem Augenwinkel sah Robert den VERÄNGSTIGTEN (A) / ÜBERRASCHTEN (I) / BESORGTEN (E) Blick seines Tischnachbarn.
3. „Nein", sagte Robert leise und spürte, wie die Kraft aus seinen Beinen wich. Gerade so, als hätte er keine MUSKELN (T) / KNOCHEN (S) / GEHIRNZELLEN (L) mehr.
4. Zitternd bückte Robert sich nach dem Stückchen Stoff, das den riesigen Ärger verursacht hatte. Dabei erkannte er einen weißen FLECK (O) / TOTENKOPF (U) / RIESENBÄREN (D) auf dem schwarzen Wimpel.
5. Der ZWERG (N) / RIESE (M) / DICKE (Y) verengte seine Augen zu Schlitzen. „Verschwindet, bevor ich mich VERGESSE (R) / ERHOLE (A) / ÜBERGEBE (P)", zischte er.
6. Zusammen rasten sie auf und davon, so schnell, als sei eine Horde HUNDE (S) / WÖLFE (I) / BÄREN (E) hinter ihnen her.
7. Vier Häuserblocks weiter ging Robert die Puste aus. „Ich kann nicht mehr", HEULTE (R) / JAPSTE (P) / SCHIMPFTE (F) er.
8. Monsterboy hörte sich unsicher an. Gar nicht wie der monstermäßige Fiesling, der ständig JÜNGERE (A) / JUGENDLICHE (E) / SCHWÄCHERE (U) ärgerte und tonnenweise HAUSAUFGABEN (L) / UNSINN (S) / STRAFARBEITEN (N) machte.

Die Buchstaben hinter den richtigen Wörtern ergeben von unten nach oben gelesen ein Lösungswort. Schreibe es auf.

Robert ist plötzlich ______________________________.

Name:

LEVEL 1 2 3

Ich packe meine Kiste

Als Monsterboy und Robert umgezogen sind, mussten sie alles in Kartons packen. Notiere jeweils drei Dinge, die in die Kisten gehören.

Wenn man nach einem Umzug in eine andere Klasse kommt, ist vieles fremd. Was kann man tun, um einem neuen Mitschüler den Start zu erleichtern? Schreibe auf.

Notiere, welche Gründe Jo dafür nennt, dass er sich nach dem Umzug so danebenbenommen hat.

Tipp: Lies im 11. Kapitel nach.

LEVEL 1 2 3

Name: ______________________

Eine lange Geschichte

Nachdem sich Robert mit Jo angefreundet hat, bemerkt seine Mutter eine Veränderung und fragt nach.

Was könnte Robert ihr erzählen? Ergänze den Text.

„Robert, irgendwie bist du plötzlich anders“, sagt seine Mutter beim Abendessen. „Eher wie früher. Du ziehst dich bunter an, bist fröhlicher … Woran liegt das?“ „Das ist eine lange Geschichte“, antwortet Robert. Und dann beginnt er zu erzählen: „Wir haben seit Kurzem einen neuen Jungen in der Klasse, er sitzt im Unterricht ______________________. Am Anfang war er schrecklich angezogen, mit ____

____.

Und er hat sich unmöglich benommen. Zum Beispiel auf dem Pausenhof: Da hat er ____.

Am schlimmsten war es dann beim ______________________. Wir haben fast kein Geld eingenommen, weil ______________________________

____.

Die ganze Klasse war wütend auf ihn und hat ihn beschimpft. Deshalb ist er abgehauen. Ich bin ihm nachgelaufen. Bei drei ______________________ habe ich ihn entdeckt. Dann wurde er von den drei ______________________ bedroht, die ____.

Ich hatte riesige Angst. Trotzdem habe ich ihm geholfen und alles ist gut gegangen. Seitdem sind wir Freunde. Übrigens: Er heißt Jo. Morgen kommt er mich besuchen.“

Name:

LEVEL 1 2 3

Freund und Feind

Am Anfang der Geschichte war Robert überzeugt, dass er und Monsterboy nie Freunde werden würden. Doch es kommt anders.

Warum hat Robert seine Meinung geändert? Schreibe auf.

Hast du auch schon mal deine Meinung zu einer Person geändert? Warum? Notiere.

Wie reagieren die anderen Schüler auf den „neuen“ Jo? Kreuze an.

- ☐ Dennis und Murat verprügeln ihn, weil er als Monsterboy alles verdorben hat.
- ☐ Sie finden gut, dass er sich entschuldigt, und sind ihm gegenüber aufgeschlossen.
- ☐ Michel, Julian und Annika sagen, Jo soll wieder gehen.

Welche Eigenschaften, Merkmale und Verhaltensweisen sind dir an einem Freund wichtig? Male an: grün = wichtig, gelb = ein bisschen wichtig, rot = unwichtig.

gutes Aussehen | lässt abschreiben | ist modisch gekleidet | frech | hört gerne zu | intelligent | ehrlich | bewahrt Geheimnisse | freundlich | hilfsbereit | supercool | hat lässige Eltern | reich | mutig | beliebt | teilt gern | vornehm | sportlich

Name:

LEVEL 1 2 3

Meine Buchbewertung

Wie hat dir die Lektüre gefallen? Schreibe auf.

Das Buch hat mir ________________ gefallen, weil ______________________________

____.

Das fand ich besonders gut: ______________________________

Das fand ich nicht so gut: ______________________________

Was ich noch zu dem Buch sagen möchte: ______________________________

____

____

Liebe Schülerinnen und Schüler,

mein Name ist Judith Le Huray. Seit 2011 schreibe ich in meinem Arbeitszimmer in einem kleinen schwäbischen Dorf Bücher für Kinder und Jugendliche. Dort habe ich mir auch die Geschichte von Monsterboy und Robert ausgedacht. Hoffentlich hattet ihr Spaß beim Lesen!

- Wie hat euch das Buch gefallen?
- Was sagt ihr zu den beiden Hauptfiguren?
- Habt ihr schon einmal etwas Ähnliches erlebt?

Ich würde mich sehr freuen, wenn ihr mir einen Brief schreibt und von euren Eindrücken erzählt.

Liebe Grüße von eurer Judith Le Huray

Monsterboys Memory

Klebe die Bildkarten auf einen dünnen Pappkarton und schneide sie aus. Viel Spaß beim Spielen!